청소년들의 진로와 직업 탐색을 위한

세상을 바꾸고 싶다면

청소년들의 진로와 직업 탐색을 위한
잡프러포즈 시리즈 27

JOURNALIST
세상을 바꾸고 싶다면
기자
CHANGE THE WORLD

윤경민 지음

짧게 써라, 그러면 읽을 것이다.

명료하게 써라, 그러면 이해할 것이다.

그림같이 써라, 그러면 기억할 것이다.

무엇보다도 정확하게 써라,

그러면 빛에 의해 인도될 것이다.

– 조지프 퓰리처, Joseph Pulitzer –

만약 당신의 사진이 마음에 들지 않는다면,
그것은 당신이 충분히 다가가지 않았기 때문이다.

− 로버트 카파, Robert Capa −

기자 윤경민의 프러포즈

Propose!

펜 한 자루와 수첩, 그리고 마이크로 세상을 바꾼다! 가능한 일일까요? 고개를 갸웃할 사람도 있겠지만 결코 불가능한 일은 아니라고 생각해요. 가난한 사람들을 비롯한 사회적 약자를 대변하는 일, 가진 자들의 부당한 '갑질'과 권력자들의 비리를 고발하는 일이 바로 기자가 하는 일 가운데 가장 중요한 일일 것입니다. 그런 일을 통해 우리가 사는 사회를 올바른 방향으로 나아가도록 틀을 바꾸는 거죠. 그것이 바로 기자의 궁극적 역할이라고 저는 생각해요. 물론 기자가 아니더라도 우리 사회를 바꾸는 직업은 또 있겠죠. 하지만 기자는 자신의 이름을 건 기사를 통해 사회 변화를 이끌어내는 점이 다르다고 할 수 있어요.

어릴 적 "텔레비전에 내가 나왔으면 정말 좋겠네~"라는 노랫말을 흥얼거렸던 기억이 납니다. 아이돌 가수나 배우와 같은 예능인 또는 유명 유튜버를 떠올릴 수도 있겠지만 기자로서 뉴스의 현장에서 TV에 얼굴을 보이는 것도 매력 넘치는 일 아닐까요? 내가 쓰는 기사 한 줄이 세상을 바꾸는 실마리가 되고, 내 이름 석 자를 내건 기사가 반향을 일으키고, 중요한 뉴스의 현장을 배경으로 마이크를 잡은 나의 모습이 TV에 나온다는 것. 그 짜릿하고 매력적인 기자의 세계로 저와 함께 떠나보지 않으시겠습니까?

토크쇼 편집자 – 편

기자 윤경민 –

▣ 먼저 자기소개를 부탁드려요.

▣ 안녕하세요? 윤경민입니다. 뉴스전문채널과 종합편성 채널, 그리고 지역채널에서 기자로서 활동해왔습니다. 사회부, 경제부, 국제부, 정치부 등을 두루 거쳤고, 해외 특파원도 경험했습니다. 기자이면서 동시에 맡았던 뉴스와 시사프로그램의 앵커 역할도 했어요. 소중한 경험이죠. 지금은 지역채널의 뉴스 제작을 총괄하는 보도국장 역할을 맡고 있습니다.

▣ 이 일을 하신 지는 얼마나 되셨나요?

▣ 1994년 9월 YTN 공채 2기 기자로 입사했으니까 딱 만 25년이 되었네요. 25년이면 한 세기의 4분의 1, 사반세기이지만 돌이켜보면 금세 지나갔어요. 우리 사회의 변화와 더불어 기자로서 저의 경험도 다양했던 것 같아요.

▣ 기자라는 직업을 선택한 이유가 있나요?

▣ 글쎄요, 기자는 이 사회에 뭔가 의미 있는 일을 할 수 있다는 생각과 여러 분야의 사람들을 만나 다양한 간접 경험을 할 수 있으리라는 두 가지 막연한 생각 때문이었어요. 첫 번째 말한 '의미'는 사실 모든 직업을 가진 사람들이 자신의 일에 부

여하는 의미가 있을 텐데, 저는 기자라는 직업의 의미를 '세상을 바꾸는 일' '세상을 더 정의롭게 바꾸는 일'이라고 생각했어요. 두 번째 말한 '다양한 경험'은 각계각층의 사람들을 만나면서 여러 가지 분야의 일을 간접적으로나마 경험해보고자 하는 것이었어요.

편 이 직업을 프러포즈하는 이유는 뭔가요?

윤 앞서 말한 대로 기자라는 직업이 세상을 더 정의롭게 바꿀 수 있다고 생각하기 때문이에요. 세상을 바꾸는 데 도움을 주고 싶다는 생각과 다양한 사람들과의 만남을 통해 풍부한 경험을 쌓고 싶다는 생각은 기자 생활 25년을 통해 변하지 않았고 상당 부분 이루었다고 판단해요.

　우리가 사는 사회의 바람직한 변화와 발전을 위해 사회 구성원으로서, 직업인으로서 일조할 수 있다면 즐겁고 만족스러운 일이 아닐까요?

세상을 바꾸는 기자

기자라는 직업에 대해 소개해주세요

기자도 방송기자, 신문기자 등 여러 종류가 있죠?

취재를 어떻게 하는지 궁금해요.

기자의 일과는 어떻게 되나요

기자 초년생의 생활이 궁금해요

기자들의 수첩에는 어떤 걸 쓰나요

일부 기자들을 '기레기'라고 부르는 경우도 있던데 왜 그런 건가요

왜 기자들이 김영란법 적용을 받게 됐나요

기자의 가장 큰 매력은 무엇인가요

연봉은 얼마인가요

기자가 다른 분야로 진출할 수 있나요

기자님의 은퇴 후 계획은 뭔가요

미래에도 기자는 필요한 직업일까요

🔳 기자라는 직업에 대해 소개해주세요.

🔳 기자는 한자로 記(기록할 기) 자에 者(놈 자) 자를 써요. 표준국어대사전에는 '신문, 잡지, 방송 따위에 실을 기사를 취재하여 쓰거나 편집하는 사람'으로 뜻풀이가 돼 있네요. 영어로는 주로 리포터reporter라고 하죠. 쉽게 말해 보고하는 사람이란 뜻이에요. 다시 말해 어떤 사실을 기록해 많은 이들에게 알려주는 역할을 하는 사람이라고 보면 될 것 같아요.

🔳 구체적으로 어떤 일을 하나요?

🔳 예를 들어 볼까요. 오늘 아침 서울 시내 올림픽대로에서 큰 교통사고가 났다거나, 어젯밤 부산 서면의 한 주택가에서 불이 나 큰 인명피해와 재산피해가 났다거나 하는 사고 소식을 전달해주는 역할을 하는 것이죠. 또 어딘가에서 엽기적인 살인사건이 발생했다거나 하는 사건을 자세히 전해주는 것도 기자의 일이에요. 그뿐만 아니라 어느 80대 노인이 평생 노점상 일을 해서 번 1억 원을 장학금으로 써달라고 대학교에 기부했다는 소식을 자세히 취재해 사람들에게 전해주는 일도

있을 수 있겠죠.

이런 사건 사고나 훈훈한 소식 외에 정치인들의 움직임이나 나라와 나라 사이의 외교 관계, 혹은 일본 규슈의 한 화산이 폭발했다거나 하는 지구촌 이야기를 전하는 것도 기자의 몫이죠. 거기에 한국은행이 은행 이자를 올렸다거나 내렸다거나, 아파트값이 올랐다거나 떨어졌다거나, 장바구니 물가가 올랐다거나 하는 경제 뉴스 등 실생활에 밀접한 뉴스를 전달하는 것도 기자의 역할이에요.

편 기자의 역할이 사실을 전달하는 일이라고 할 수 있겠네요?

윤 음…. 기자는 있는 사실 그대로를 사람들에게 전달해 궁금증을 해소해주는 일도 하지만 세상을 바꾸는 일을 한다고 생각해요.

편 기자가 세상을 바꾼다고요?

윤 네. 예를 들어 어느 전통시장이 화재에 취약하다는 점을 집중 취재해 보도했을 경우를 볼까요.

어떤 방송이나 신문이 시장 주변 골목에 불법 주차 차량

2019년 5월 방송된 CJ헬로 북인천방송의 '스마트폰 출동' 코너. 전통시장의 소방통로가 일부 상인들의 무관심과 허술한 관리 규정으로 무용지물이 되고 있다는 내용을 보도했다.

이 많은 문제를 지적해요. 또 상점 주인들이 물건을 도로에 쌓아놓는 문제점을 다루기도 하고요. 이런 문제 때문에 소방차가 진입하기 어렵다는 것을 지적하는 것이죠. 또한 시장에 제대로 된 소화전이 없고 소화기조차 제대로 비치돼 있지 않다는 사실도 전해요. 화재 발생 시 진압이 어려운 구조라는 점을 비판하는 거예요. 그러면서 소방당국의 점검을 촉구하죠. 그러면 대체로 관할 행정당국은 이런 문제점을 개선하기 위해 바로 불법 주차 단속을 강화하겠죠. 또 도로에 물건을 쌓아놓지 않도록 계도 활동도 할 거예요. 소화전 설비와 소화기 비치 등 필요한 조치도 취하겠지요. 그렇게 하면 큰불이 났을 때 일단 시장 상인들에 의한 초동 조치가 수월해지겠죠. 소방차가 어려움 없이 들어가 진화작업을 할 수 있는 환경도 만들어질 것이고요. 결국 큰불이 났을 때 피해를 최소화할 수 있을 기예요. 기자가 취재해서 쓴 기사가 전통시장의 화재 예방 조치를 튼튼하게 만들게 되는 셈이죠. 이게 바로 세상을 바꾸는 것이 아닐까요? 뉴스가, 신문 기사가 변화를 이끌어 내는 것이니까요.

편 아, 그렇군요. 히어로만 세상을 바꾸는 건 아니네요.

이번에는 진짜 큰 예를 들어볼까요? 바로 촛불 시위가 만들어낸 이른바 촛불 혁명 알죠? 대한민국 역사상 최초로 대통령이 자리에서 물러나는 탄핵사태를 초래했잖아요. 그리고 대통령 선거를 통해 정권 교체가 이루어졌죠. 어떻게 이런 엄청난 일이 일어날 수 있었을까요? 만일 최순실의 태블릿PC가 보도되지 않았더라면 가능했을까요? 언론사들이 최순실 국정농단 사태와 관련해 앞다퉈 보도하지 않았더라면 과연 촛불 혁명이 일어났을까요? 광화문광장을 비롯해 전국을 뜨겁게

달궜던 촛불 시위, 시민들의 열망을 전달한 기자들이 없었다면 어땠을까요? 역사의 물줄기가 바뀌는 일은 아마 없었을지도 몰라요. 바로 기자의 기사가 세상을 바꿔놓은 사례죠. 이밖에도 기자가 쓴 기사로 인해 세상이 바뀐 사례는 이루 셀 수 없을 만큼 많을 거예요.

편 기자도 방송기자, 신문기자 등 여러 종류가 있죠?

윤 기자 자체에 종류가 있다기보다는 굳이 따지자면 기자가 속한 언론사의 형태에 따라 구분할 수 있어요. 크게는 신문기자, 방송기자, 통신기자 등으로 나뉘는데요. 최근에는 인터넷 매체가 많이 늘어났기 때문에 인터넷신문 기자, 인터넷방송 기자로의 분류도 가능해요. 혹은 두 가지를 합쳐서 인터넷 매체 기자라고 부를 수도 있고요. 또한 매일 발행하는 일간지(중앙일보, 한겨레신문 등)도 있고 일주일에 한 번씩 발행하는 주간지(주간동아 등), 한 달에 한 번씩 나오는 월간지(주간조선 등)도 있으니 일간지 기자, 주간지 기자, 월간지 기자 이런 식의 분류도 가능하죠.

편 우리나라 방송사와 신문사 수는 얼마나 되나요?

윤 우리나라 언론 매체는 등록제로 시도지사에게 등록만 하면 언론사로 인정받아요. 문화체육관광부가 관리하는 정기간행물 등록시스템에 따르면, 2019년 7월 21일 기준 19,200개의 언론사가 있어요.

표 1. 언론사 종별 등록건 수

2019년 7월 기준

일반일간신문	311	인터넷신문	8,630
일반주간신문	1,201	뉴스통신	26
특수일간신문	40	잡지	5,289
특수주간신문	1,684	기타간행물	2,019
총 계		19,200	

표 2. 한국언론진흥재단 참여 언론사

2019년 6월 기준

구분		매체명
신문	전국 종합일간	경향신문, 국민일보, 내일신문, *동아일보, *문화일보, 서울신문, 세계일보, *조선일보, *중앙일보, 한겨레, 한국일보
	지역 종합일간	강원도민일보, 강원일보, 경기일보, 경남도민일보, 경남신문, 경남일보, 경북도민일보, 경북매일신문, 경북일보, 경상일보, 경인일보, 광주매일, 광주일보, 국제신문, 기호일보, 남도일보, 대구신문, 대구일보, 대전일보, 동양일보, 매일신문, 무등일보, 부산일보, 새전북신문, 영남일보, 울산매일, 인천일보, 전남일보, 전북도민일보, 전북일보, 제민일보, 제주신보, 중도일보, 중부매일, 중부일보, 충북일보, 충청일보, 충청투데이, 한라일보
	경제일간	*매일경제, 머니투데이, 서울경제, 아시아경제, 아주경제, 이데일리, 이투데이, 파이낸셜뉴스, 한국경제, 헤럴드경제, 건설경제
	스포츠일간	스포츠경향, *스포츠동아, 스포츠서울, 스포츠월드, *일간스포츠
	영자일간	*중앙데일리, 코리아타임스, 코리아헤럴드
	전문일간· 어린이신문	*디지털타임스, 소년한국일보, 어린이강원, *어린이동아, 전자신문, 환경일보
	종합· 전문주간	기자협회보, 미디어오늘, 일요신문, *중앙선데이, 주간한국
	지역주간	당진시대, 옥천신문, 홍성신문, 광양신문, 김포신문, 뉴스서천, 영암우리신문, 영주시민신문, 원주투데이, 주간고양신문, 주간설악신문, 평택시민신문
인터넷신문		노컷뉴스, 뉴스핌, 대덕넷, 데일리안, BreakNews, EBN산업뉴스, PD저널
방송사		KBS, MBC, SBS, YTN, OBS

* 표시는 대리중개사

보통 전국에 방송되는 방송사나 발행되는 신문을 중앙 매체 또는 전국 매체라고 해요. 특정 지역에만 방송되거나 발행되는 매체를 지역 매체라 부르죠. 이밖에 정치, 경제, 사회, 문화 등 다양한 분야의 뉴스를 다루는 매체 외에 특정 전문 분야를 다루는 전문 매체도 있어요. 전문 매체에는 전자신문, 의사신문, 한국경세TV 등 성발로 특정 전문 분야에 특화된 정보와 소식만을 다루는 매체가 다양하게 존재해요. 방송 기자는 TV 방송기자와 라디오 방송기자로 나뉘기도 하죠. 라디오 방송 중에서는 CBS(기독교방송), BBS(불교방송)가 다른 라디오에 비해 비교적 보도를 적극적으로 하는 편이에요.

그 외에 드물기는 하지만 프리랜서 기자도 있어요. 언론 매체에 소속되지 않은 채 독자적으로 취재 활동을 한 뒤 언론사에 기고하거나 영상을 제공하는 기자들이죠. 국내에는 아직 매우 드물지만, 미국과 일본에는 언론사에서 기자로 활동하다가 회사를 그만두고 프리랜서 기자로 변신하는 경우도 더러 있습니다. 제가 아는 일본 교도통신 기자도 서울 특파원을 지내고 일본으로 돌아간 뒤 프리랜서 기자로 전환했어요. 자기가 취재하고 싶은 분야를 취재해 심층 취재물을 책으로 내거나 주간지 등에 기고하면서 활동하니 만족도가 높다고 하더군요.

언론사 내에서 부서는 어떻게 나뉘나요?

우선 방송사에는 보도국이 있고 신문사에는 편집국이 있어요. 그리고 그 보도국이나 편집국 내에 부서들이 있는데 정치부, 사회부, 경제부, 문화부, 스포츠부, 국제부, 편집부가 기본이죠. 그 외에 언론사에 따라 전국부, 과학부, 기동취재부가 추가로 있는 경우도 있어요. 방송사에는 이런 취재부서 외에 영상취재부, 영상편집부, CG 팀이 추가로 있지요. 경제신문은 경제부가 금융부, 증권부, 부동산부, 중소기업부, 이런 식으로 전문 분야별로 나누어져 있는 것이 보통이에요.

편 취재를 어떻게 하는지 궁금해요.

윤 언론사에 소속된 기자들은 보통 출입처라는 것을 갖고 있어요. 기본적으로 출입처에서 취재 활동을 해요. 사회부 기자 사건팀의 경우에는 주로 경찰서를 출입하죠. 출입 경찰서도 '라인'으로 묶어서 지역별로 나눠요. 예를 들어 영등포 라인이라고 하면 영등포 경찰서, 강서 경찰서, 구로 경찰서를 말하는 거예요. 라인은 필요에 따라 바뀌기도 하는데 저의 경우에는 1994년 입사 후 초기에 동부 경찰서 라인과 마포 경찰서 라인, 영등포 경찰서 라인, 강남 경찰서 라인을 차례로 담당했었죠. 어쨌든 자신이 맡은 라인에 3~4개의 경찰서가 있는데 그 경찰서들의 관할 지역에서 발생한 사건 사고를 취재하는 활동을 해요.

이렇게 경찰서를 돌면서 취재하는 사건팀 기자를 '사스마리'라고 해요. '사스마리'는 일본어 '察回り(사쯔마와리)'가 변형된 말로 '경찰서를 돈다'는 뜻이에요. 안타깝게도 대한민국 언론계에는 이렇게 일본어 잔재가 아직도 많이 있답니다. 그런데 이 사스마리가 10년 전(2010년 무렵)쯤부터 '사슴앓이'

라는 표현으로 바뀌기도 했어요. 사슴의 가슴앓이라는 뜻일
까요?

경찰팀(서울 담당 사회부 사건팀) 기자 라인

종로라인 집회와 시위가 많은 곳으로, 경실련과 같은 시민단체도 많아 인권이나 시민운동 관련 기사가 많이 생산되는 라인이다. 종로경찰서, 성북경찰서, 종암경찰서 등이 이 라인에 속한다.

북부라인 강북경찰서, 도봉경찰서 등을 맡는다. 큰 사건이 없어서 보통 종로라인이 같이 맡기도 하는데 요즘에는 혜화경찰서를 포함해 혜화라인이라고도 부른다.

강남라인 가장 사건이 많은 라인으로 강남경찰서, 서초경찰서, 송파경찰서로 구성된다. 가끔 연예인 음주운전이나 마약 관련 기사와 같은 기사가 발생하기도 한다.

영등포라인 영등포경찰서, 강서경찰서, 구로경찰서 등을 커버하는데 폭행, 절도 등 자잘한 형사사건이 많다.

마포라인 연세대, 이화여대, 서강대, 홍익대가 있는 라인으로 사건보다는 대학 시위 집회 관련 기사가 많았던 라인이다.

관악라인 관악경찰서, 노량진경찰서 등을 담당하지만 특히 서울대 관련 기사가 많아 기자들이 사실상 서울대에 상주하다시피 하는 경우도 있다.

중부라인 용산경찰서, 남대문경찰서, 중부 경찰서와 경찰청 본청을 맡는 '바이스 캡(사건팀 캡을 보좌하는 역할)'이 책임지는 라인이다.

편 기자의 일과는 어떻게 되나요? 경찰서 담당 기자를 예들 들어 설명해주세요.

윤 언론사마다 조금씩 달라요. 방송기자는 아침 이른 시간에 경찰서로 출근해요. 밤사이 어떤 사건 사고가 있었는지 챙겨야 하기 때문이죠. 보통 경찰서 '형사계'라는 곳에 가면 당직 형사들이 근무 중이고, 폭행 사건을 비롯한 각종 사건으로 인한 피의자(범죄 의심을 받는 사람)들이 조사받고 있는 경우도 있거든요. 우선 당직 사건 기록부를 들여다보고 특이한 사건이 기록돼 있는지를 살펴요. 뭔가 잡히면 당직 형사나 담당 형사, 아니면 형사과장이나 경찰서장에게 꼬치꼬치 묻죠. 예를 들어 음주운전 뺑소니 사건이라면 뺑소니친 사람이 누구인지, 피해자는 누구인지가 중요해요. 피해자나 가해자가 사회 저명인사이거나, 연예인이거나, 또는 정부 고위공무원이거나 할 경우에는 큰 기사가 되거든요.

대체로 그런 사람들은 불미스러운 일로 세상에 알려지기를 원치 않기 때문에 경찰도 제대로 이야기해주지 않는 경우가 있어요. 그래서 기자들은 끈질기게 파고들며 경찰관들에게 묻고 또 물어서 사실을 확인해야 해요. 그렇게 해서 일단 특이한 사건의 단서를 포착하게 되면 현장 취재에 들어가는 거죠. 살인 사건이라면 현상에 가서 어떻게 살해됐는지, 살해된 사람은 어떤 사람이었는지 이웃 주민들에게 물어보기도 하죠. 원한에 의한 살인인지, 강도에 의한 살인인지, 경찰은 어떻게 방향을 잡고 있는지 취재해요. 요즘은 없어졌겠지만, 변사사건의 경우 시신 부검 현장을 경찰과 함께 지켜보는 경우도 있었어요. 끔찍한 장면을 봐야 하는 거죠. 저는 그런 경험이 없지만 동료 기자 중에는 그렇게 지켜본 부검 장면이 꿈에 나타나 트라우마(trauma, 외상 후 스트레스 장애)로 작용하는 경우도 있다고 해요.

편 기자 초년병의 생활이 궁금해요.

윤 대부분의 언론사는 수습 기간(보통 6개월)이 있어요. 수습 기간을 거친 후 정식 기자로 근무하게 되죠. 수습기자 때는 취재하는 요령, 기사 쓰는 요령, 방송에 참여하는 요령 등 기초적인 것을 배워요. 처음에는 아무것도 모르기 때문에 배울 일이 많죠. 그래서 그런지 스스로 하는 방법을 터득하도록 전근대적인 방법을 쓰기도 해요. 예를 들어 새벽에 경찰서 몇 군데를 돌면서 어떤 사건이 있는지 챙겨서 선배한테 보고하는 거죠. 어느 연립주택에 좀도둑이 들어 귀금속과 현금 등 금품 2백만 원어치가 털린 사건이라든가, 편의점에 복면강도가 나타나 돈 통에 든 현금 50만 원을 빼앗아 달아난 사건이라든가, 신축 건물 공사장에서 용접 불꽃이 튀어 불이 나 1억 원의 재산피해가 발생했다든가, 아버지 몰래 승용차를 끌고 나와 운전하던 10대가 상가를 들이받아 3명이 크게 다쳤다든가, 이런 사건 사고들을 파악해서 보고하는 거예요.

처음에는 기사를 쓸 줄 모르기 때문에 팩트(fact, 사건·사고의 개요)를 보고하는 형식으로 하는데, 시간이 지나면서 그것을 기사로 쓰는 훈련을 하기 시작해요. 육하원칙에 따라 누가 언제 어디서 무엇을 어떻게 했다는 형식으로 팩트 중심으로 쓰는 거죠. 기사를 제대로 썼는지, 잘 썼는지를 선배가 체크하면서 봐주는 과정을 거치며 정식 기자가 되는 거죠. 그 과정이 예전에는 무척 혹독했어요. 그야말로 선배는 하늘과 같은 존재였죠(지금은 그 정도는 아니니 너무 미리부터 겁먹을 필요는 없어요^^).

편 선배의 지도가 중요하겠네요.

윤 그렇죠. 선배는 후배 수습기자에게 취재 요령을 가르치고 기사 쓰는 방법을 알려주는 멘토 역할을 해요. 그렇다고 멘토가 모든 걸 다 알려주는 건 아니에요. 스스로 깨달을 수 있도록 도와주는 역할을 하는 것이지, 처음부터 끝까지 다 가르쳐주진 않아요. 그러니까 깨지면서(혼나면서), 실수를 반복하면서, 시행착오를 겪으면서 배워나가는 것이죠.

수습기자 기간이 힘든 건 현실이에요. 진짜 기자가 되는 과정이니까요. 예전에는 이른바 '하리꼬미'(일본어 張り込み의 잔재)라는 것을 하는 경우가 많았어요. 경찰서에서 먹고 자며 취재하는 후진적 방식이죠. 요즘은 사라졌지만 불과 몇

년 전까지만 해도(주 52시간 근로제 시행 전) 존재했던 수습기자 교육 방식이에요. 주말 외에는 집에 가지 못하고 2진 기자실 이 설치된 경찰서에서 잠을 자며 거의 24시간 근무를 하는 방식이죠. 새벽 5시부터 보고를 시작해서 밤에도 새벽 2시까지 1진 선배에게 전화로 파악한 사건 사고의 개요와 자신의 위치를 보고해야 하니 사실상 쪽잠밖에 살 수 없었어요. 저도 이런 과정을 거쳤어요. 지금 생각해보면 인권침해고 노동법 위반이죠.

대부분의 언론사가 했던 교육방식이에요. 하지만 걱정할 필요 없어요. 지금은 이런 방식의 교육을 할 수 없는 사회적 분위기가 조성돼 있기 때문이죠. '하리꼬미' 수습 교육 방식은 아예 사라졌어요. 아무튼 대략 6개월간의 수습기자 과정을 거치면 정식 기자로 발령을 받고 홀로서기를 시작하는 거예요. 그때의 뿌듯함을 잊을 수가 없어요.

2진 기자실: 출입처에 나가는 기자가 여러 명일 경우 1진, 2진, 3진 등으로 부른다. 1진이 가장 선배, 입사 순서대로 2진, 3진 순으로 불린다. 보통의 출입처는 1~2명이지만 국회 여당의 경우 4~5명일 경우도 있어 막내 기자의 경우 말진이라고 부르기도 한다. 경찰서에는 1진 기자실이 설치된 곳과 2진 기자실이 설치된 곳, 설치되지 않은 곳이 있다. 1진 기자실에 수습기자는 출입하지 못하는 것이 관례이다.

🔲 기자 사회가 군대보다 더 군기가 세다던데 이유가 뭔가요?

🔲 혹독한 수습 기간을 거치고 정식 기자로서 본격적인 취재와 기사 쓰는 일을 시작한다고 해도 여전히 막내 기자잖아요. 소속 언론사에서 가장 경험이 적은 기자죠. 막내 기자들은 정신을 바짝 차려야 해요. 크고 작은 사건 사고에다 정부 정책 발표, 안보와 직결된 사안 등 매일 같이 쏟아져 나오는 기사와 꼭 지켜야 하는 마감 시간이 있고, 마치 전쟁터 같은 보도국(신문사는 편집국)에서 일하다 보면 왁자지껄 큰 소리도 나고 싸움 아닌 싸움도 벌어지는 게 언론사예요. 그렇게 초긴장 상태에서 일하려면 질서가 필요했어요. 일명 '군기'는 질서를 잡기 위해 언론계를 지배했던 규칙이었던 거죠.

앞서도 언급했지만, 선배는 하늘과 같은 존재여서 선배가 하는 말은 무조건 따라야 했어요. 제가 초년병 때는 폭력마저 암묵적으로 용인되기도 했어요. 실제로 언어폭력은 다반사였죠. 이 XX! 이런 욕설은 물론, 고함치며 위압감을 주는 행위로 선배들이 후배들 군기를 잡으며 질서를 잡으려 했던 시절이에요. 그때는 그게 어느 정도 통했지만, 지금은 누가 그걸 받아들이겠어요? 다 사라진 과거의 언론 문화죠. 그러니까

1996년 YTN 재직 시절 사건팀 MT.

여러분은 너무 걱정할 필요 없어요. 기자들 사회가 군대보다
더 군기 세다는 건 옛날 얘기니까요(군대 군기도 많이 약해졌
고요︿︿).

　　지금은 끈끈한 선후배 조직이라고 말할 수 있겠네요. 물
론 언론사마다 사풍이 달라 똑같다고 할 수는 없지만, 대체로
기자 조직은 다른 일반 회사보다 인간관계가 끈끈한 편이에
요. 늘 같이 고생하고 고생한 만큼 사회의 변화를 보며 보람
을 느끼는 경우가 많기 때문이죠.

🖊 기자들은 항상 수첩을 들고 다니시던데 그 수첩에는 무엇을 쓰나요?

🖊 주로 취재하면서 모은 정보들을 기록하죠. 기자 수첩 또는 취재 수첩이라고 부르는데 가로가 짧고 세로는 긴 모양으로 링 바인딩 형태에요. 필요할 땐 몇 장 찢어서 쓸 수도 있어 편리하죠. 여기에 담아놨던 취재 내용을 토대로 기사를 작성해요. 어떤 사건 사고 현장에서 본 특이한 사항들을 기록하고 누군가에게 뭘 물어봤을 때 들은 내용을 적어놓죠.

대부분의 기자는 취재 활동을 하면서 아주 사소한 것도 꼼꼼히 기록해 놓는 버릇이 있어요. 언론사마다 자체 취재 수첩을 만들어 기자들에게 나눠주는 경우도 있고, 출입처에서 제작해 출입 기자들에게 나눠주는 경우도 있어요. 가장 인상 깊은 취재 수첩은 통일부에서 나눠줬던 수첩인데, 표지에 '한 줄의 힘'이라고 쓰여 있었어요. 기사 한 줄의 힘이 얼마나 큰지 늘 그 수첩을 보면서 마음에 새기곤 했죠.

'펜은 칼보다 강하다(The pen is mightier than the sword)'라는 말이 있듯이 기자가 쓰는 기사의 힘이 얼마가 강한지,

잘못 쓰면 독이 되고 잘 쓰면 약이 되는 것이라는 것을 늘 인식하게 해준 수첩이에요.

예전에는 취재 수첩을 버리지 않고 모두 모아두었어요. 언젠가 다시 꺼내 보고 상기하면서 저만의 기록을 다시 정리하고 싶었거든요. 아마 그렇게 모아둔 취재 수첩을 토대로 책을 쓴 기자도 있을 거예요. 저도 그럴 생각으로 모아두었는데, 몇 년씩 모았다가 버리기를 여러 차례 반복해 지금은 남아있는 게 없어요. 그때 메모를 몇 가지 이 책에 소개하면 좋을 텐데 아쉽네요.

그런데 요즘은 취재 수첩이 예전만큼 애용되지는 않는 것 같아요. 노트북에 바로 쓰는 경우가 많죠. 뉴스를 보다 보면 기자들이 바닥에 앉아서 노트북을 펼쳐놓고 받아쓰는 모습이 눈에 띄더군요. 2019년 6월 어느 날 한선교 자유한국당 의원이 당 최고위원회 결과를 받아 적기 위해 국회 바닥에 앉아있던 기자들에게 "아주 그냥 걸레질을 하는구나. 걸레질을 해"라고 말했다가 여론의 뭇매를 맞기도 했답니다.

예전에는 국회나 여당 당사에서 당 최고위원회의가 열리면 기자들이 뒤에 도열해서 당 대표를 비롯한 최고위원들이 발언하는 것을 펜으로 수첩에 적었어요. 그러다가 대변인이

취재 수첩

보즈워스 미 국무부 대북특별 대표 방한 당시의 도어스탭(오른쪽이 저자 윤경민).

나 부대변인이 "언론인 여러분, 지금부터는 비공개회의를 하
겠습니다. 퇴장해주시기 바랍니다" 하면 기자들이 나가는 모
습이 연출됐지요. 특종을 하려고 회의장에 녹음기를 놔두고
가는 기자도 아주 가끔 있었어요. 중요한 회의가 열릴 때면
이른바 '벽치기' 또는 '귀대기'라고 해서 문밖에서 문에 귀를
대고 안에서 오가는 이야기에 귀 기울이며 중요한 발언을 캐
치하는 경우도 있었고요.

　요즘은 스마트폰에 녹음 기능이 있어서 사라졌지만, 스마
트폰이 대중화되기 전인 2008년쯤까지만 해도 녹음기는 기자
들의 필수품이었어요. 외교부 청사에 6자회담 대표나 외국의
고위 인사가 방문해 회담을 마치고 약식 기자 회견을 할 때면
탁자 위는 기자들이 둔 녹음기로 가득 차고, 에워싼 기자들도
모두 그의 입 주변에 녹음기를 갖다 대는 모습을 아마 보셨을
거예요. 이것을 기자들 사이에서는 도어스탭 이라고 불러요.

　6자회담 미국 대표가 영어로 기자회견을 하면 이런 방식

　도어스탭(doorstep) : 외교부 출입기자들 사이에서만 쓰이는 용어로, 정부 고위 관료
또는 외국 고위 관료가 정식 기자회견 외에 외교부 청사 로비 또는 공항 등의 장소에서
기자들에게 둘러싸여 질문 받고 대답하는 약식 기자회견을 가리키는 용어이다.

으로 녹음을 하고 기자실로 뛰어가 영어를 가장 잘하는 아리랑TV 기자가 딕테이션(Dictation, 받아쓰기)을 마무리할 때까지 기다렸다가 전달받아서 활용하곤 했어요. 상부상조하는 거죠. 요즘은 스마트폰으로 녹음할 뿐만 아니라 녹음과 동시에 해당 언어로 딕테이션까지 해주는 기능이 있어서 무척 편리해졌죠.

▣ 일부 기자들을 '기레기'라고 부르는 경우도 있던데 왜 그런 건가요?

▣ 참 부끄럽네요. 기자로서 기자+쓰레기라는 의미인 '기레기'라는 용어까지 등장할 만큼 기자들이 비난을 받게 된 것에 대해 안타까운 심정이에요. 제 기억에 '기레기'라는 말이 처음 등장한 것은 세월호 참사 때였던 것 같아요.

304명의 희생자를 낸 세월호 침몰 참사가 발생한 당일, 당시 많은 언론사가 당국의 "전원 구조" 발표만을 믿고 "전원 구조"라고 보도했다가 뭇매를 맞았죠. 정부 기관의 발표를 검증 없이 그대로 전달하던 평소 언론의 행태가 '보도 참사'를 낳았던 거예요. 또 일부 기자들이 가까스로 구조돼 뭍으로 나온 학생들을 붙들고 친구들이 사망한 사실을 알고 있느냐, 심경이 어떠냐는 등의 질문을 쏟아내자 비난이 빗발치면서 생긴 말이 '기레기'예요. 충격에 빠진 학생들에게 친구를 잃은 심경이 어떠냐고 묻는 것 자체가 살아남은 학생들의 마음을 얼마나 아프게 하는지 전혀 생각하지 않은 질문이었던 거죠. 특종

경쟁에만 혈안이 되어 학생들의 인권에는 아랑곳하지 않았던 언론과 기자들에 대한 사회적 비판이 그만큼 거셌었죠.

이뿐만 아니라 당시 개국한 지 몇 년 안 되는 종편을 중심으로 과열 경쟁이 일어나면서 세월호를 운영하던 선박회사인 청해진해운의 소유주 유병언 일가 추격 등 선정적 보도가 이어졌어요. 특히 모 종편채널은 유병언의 장남이 오피스텔에서 뼈 없는 치킨을 배달시켜 먹었다는 내용까지 보도했죠. 도대체 도피 중인 용의자가 뭘 먹었는지가 왜 중요하냐는 거죠. 그렇게 '기레기'라는 말이 대중화되면서 언론의 신뢰는 바닥으로 떨어졌어요.

그 후 많은 기자와 언론사들이 반성하기 시작했어요. 정부나 정부 기관이 발표하는 보도 자료에 오류는 없는지 '팩트 체크'를 철저히 하게 됐죠. 또 대형 재난 발생 시 피해를 본 사람과 유가족들에게 상처가 될 만한 질문을 하지 않는 등의 취재 수칙이 생겨나기도 했어요. 세월호 참사 이후 '기레기'라는 말을 듣게 된 많은 기자와 언론사들이 자정 노력을 했죠. 여러분 중에서도 혹시 기자가 된다면 이런 점을 유념해야 해요. 저 또한 이런 비판에서 자유롭지 못하죠. 기사를 쓸 때 늘 신중하게 써야 한다는 점을 깨닫게 해준 비판이었어요.

 이런 현상은 우리나라에만 있는 건가요?

 '기레기' 현상은 한국만의 상황은 아니에요. 일본에는 '마스고미(マスゴミ)'라는 표현이 있어요. 매스컴을 일본말로 '마스코미(マスコミ)'라고 하는데 쓰레기를 뜻하는 '고미(ゴミ)'와 합성해 '마스고미'라는 말을 만들어냈어요. 대중매체인 매스킴이 쓰레기와 같다고 하는 거죠. 한 일본인의 설명을 들어볼게요.

"어떤 음식점에 나타난 TV 진행자가 남자인지 여자인지 분간이 잘 가지 않는 한 손님에게 다가가 질문을 해요. 당신

2019년 5월 방송된 일본 요미우리TV의 '간사이 정보네트워크ten.' 프로그램 중 '마욧테 난보' 코너에서 진행자인 개그맨이 일반인 남성을 상대로 여성인지 여부를 확인하고 있다.

은 남자인가요? 여자인가요? 손님이 남자라고 대답하자 그렇게 보이지 않는다면서 성별을 확인한다면서 건강보험증을 확인하고, 심지어 손님의 가슴 부위에 손을 대보기도 했다더군요. 참 어처구니없는 이런 걸 보고 '마스고미'(쓰레기 매스컴)라고 합니다."

기자는 아니었지만, TV 프로그램을 포함한 대중매체의 어처구니없는 일탈 행위죠. 그 일본인은 기자들의 유도 심문 같은 질문도 '마스고미'에 해당한다고 하더군요. 대답하기 싫은데 원하는 답을 얻기 위해 집요하게 질문을 쏟아내는 것 말이죠.

편 '파파라치'도 이런 종류에 해당하나요?

윤 그렇다고 할 수 있죠. 유럽의 타블로이드신문(주로 자극적이고 선정적인 기사로 독자들을 모으는 신문)들이 왕족을 포함한 유명인들을 따라다니면서 사생활을 취재하는 경우가 많은데, 특히 이런 사진기자, 혹은 프리랜서 사진사들을 '파파라치'라고 해요. 평민 출신으로 찰스 왕세자와 결혼해 관심을 모았던 다이애나 왕세자비는 파파라치 때문에 비극을 맞았어요. 1997년 8월 31일 파리에서 이집트의 재벌 2세와 자동차를 타고 가다가 터널 속 중앙분리대를 들이받는 사고로 숨졌는데 당시 파파라치의 과도한 추격이 있었던 것으로 알려지면서 파파라치들에게 비난의 화살이 쏟아지기도 했지요.

⊞ 왜 기자들이 김영란법 적용을 받게 됐나요?

⊞ 우선 김영란법에 대해서 먼저 설명할게요. 이 법의 정식 명칭은 '부정청탁 및 금품등 수수의 금지에 관한 법률'이에요. 2015년 3월에 국회를 통과해 만들어진 법안이죠. 2011년 김영란 당시 국민권익위원회 위원장이 처음으로 제안해서 '김영란법'이라고 불리게 됐어요. 그만큼 공직사회에서 부정한 청탁과 뇌물 주고받기, 과도한 접대가 사라지지 않자 아예 법으로 주고받을 수 있는 선물의 상한가를 정했어요. 상품은 5만 원(농가 살리자는 차원에서 농수축산물은 10만 원으로 조정), 식사 대접은 3만 원, 축의금과 조의금 등 경조사비는 5만 원(처음에 10만원이었다가 조정) 등으로 가격을 정해놓은 거죠.

원래는 공직자, 그러니까 공무원만 이 법에 해당하도록 제안됐던 것인데, 여기에 언론인과 사립학교 교직원까지 포함하면서 큰 논란이 벌어지기도 했어요. 공직사회를 투명하게 하자는 건데 왜 기자들과 교사들까지 거기에 포함시키느냐? 반발이 심했던 거죠. 그래서 심지어 스승의 날에 교사가 카네이션 한 송이를 받아도 김영란법 위반이네 아니네 하는 논란이 생기는 등 웃지 못할 일이 많이 발생했어요.

그러면 왜 기자들이 '김영란법' 적용을 받게 된 걸까요? 솔직히 말하면 기자 사회도 투명하지 못한 점이 있었기 때문이에요. 이른바 '촌지' 문화가 2000년대 초까지 있었어요. 취재원이 기사 잘 써달라고 기자에게 주는 '돈 봉투'가 촌지에요. 예전에 우리 아이 잘 봐달라고 학부모가 선생님에게 줬던 '돈 봉투'도 촌지고요.

명절이면 취재원들이 기자들에게 선물을 보냈어요. 유통업을 비롯한 기업을 담당하는 경제부 기자들은 상당한 양의 선물을 받기도 했죠. 평소에도 정부 당국자를 비롯한 취재원들과 만나서 식사를 하면 밥값과 술값을 기자들이 내는 경우는 사실상 없었죠. 그것도 한정식집과 같은 비싼 음식점에서 먹는 경우가 많았어요. 또 골프 접대도 성행했어요. 우리나라에서 주말에 골프를 치려면 1인당 최소 20만 원이 드는데, 그 비용을 취재원들이 내주는 게 관행이었어요.

그렇게 촌지를 주고 접대를 하는 취재원들은 목적이 있죠. 본인 또는 본인이 소속된 조직(정부 부처나 회사)과 관련해 기사를 잘 써달라는 청탁이었던 거죠. 특별히 기사를 쓸 일이 없더라도 만에 하나 뭔가 자신에게 불리한 기사가 터졌을 때 '살살' 써달라는 일종의 '보험성' 접대도 있고요. 지금도 일부는 사라지지 않고 암암리에 이런 접대가 이뤄지는 경우도 있지만, 김영란법 시행 이후 큰 폭으로 줄어든 건 사실이에요. 그만큼 언론문화도 투명해지는, 사회의 긍정적 변화라고 할 수 있죠.

편 기자의 가장 큰 매력은 무엇인가요?

윤 앞서 '기레기' '접대' '촌지' 같은 부정적인 것을 이야기하다 보니 '기자'라는 직업에 대한 부정적 인식을 갖게 됐을까봐 살짝 걱정되네요. 그런 부정적 측면도 있지만 긍정적인 면이 훨씬 많다고 생각해요.

기자는 일반적으로 이윤을 추구하는 기업과 달리 공익을 추구하는 언론사의 구성원이라는 점이 가장 큰 특징이자 매력인 것 같아요. 물론 신문사와 방송사도 직원들 월급을 줘야 하므로 이익을 내기 위해 광고 판매를 해요. 하지만 일반적으로 일선 기자들은 자신이 맡은 분야에서 취재하고 기사를 쓰는 것이 직업이기 때문에 그 본연의 일이 공공의 이익이 되도록 한다는 신념을 갖고 있어요. 자사의 이익을 위해 여론을 형성하거나 광고를 따기 위해 특정 회사를 홍보해주는 기사를 내는 언론사가 있기는 하지만 이건 물론 바람직한 언론사, 언론인의 모습은 아니에요.

일반적인 기자의 취재, 보도 활동은 기본적으로 공익을 위한 것이에요. 그래서 저는 감히 기자는 '세상을 바꾸는 사람

2016년 10월 24일 방송된 JTBC의 '최순실 PC' 최초 보도. '박근혜 국정파탄 사태'
의 포문을 열었다.

광화문 광장 촛불집회. 2016년 10월 29일부터 매주 토요일 서울 및 전국에서 박근
혜 대통령 퇴진을 요구하며 촛불집회가 열렸다. 20여 차례의 주말 촛불집회가 이어
졌고 재판관 전원의 일치된 의견으로 헌정사상 최초로 대통령이 탄핵되었다.

들'이라고 말해요. 기자의 기본 업무이자 역할은 특정한 사실을 기록하고 대중에게 전달하는 일이에요. 대중에게 알릴만한 가치가 있다고 판단되는 사안을 취재해 있는 그대로, 또는 분석과 해설, 전망을 덧붙여서 그 정보를 필요로 하는 이들에게 전달하는 것이 기자의 책무죠.

그런데 어떻게 세상을 바꾸냐고요? 아주 작은 것에서부터 큰 것까지 세상을 바꾸는 역할을 하죠. 앞서도 언급했지만, 박근혜·최순실 국정농단 사태로 박근혜 정권이 몰락하고 정권이 바뀌는 데도 언론 보도가 큰 촉매제 역할을 했어요.

기자가 쓰는 기사가 세상을 바꾼다는 것이 이렇게 혁명과 정권 교체와 같은 큰 변화만을 얘기하는 건 아니에요. 국회의원들의 이른바 '놀자판 해외 출장'을 날카롭게 보도해 외유성 해외 출장을 금지한다든지, 세금만 낭비하고 실효를 거두지 못하는 선심성 예산 집행을 비판하는 보도를 통해 세금 낭비를 줄이는 것도 대표적인 사례라 할 수 있죠. 이렇게 정부 정책을 점검하고 권력을 감시하고 건강한 비판을 통해 사회를 올바른 방향으로 나아갈 수 있도록 하는 것이 기자들이 하는 중요한 일 가운데 하나에요.

편 연봉은 얼마인가요?

윤 좀 곤란한 질문이네요. 간단하게 말하면 일반 직장인과 비슷하다고 보면 돼요. 일반적으로 회사원들이 대기업이냐, 중견기업이냐, 중소기업이냐, 공기업이냐, 공무원이냐에 따라 다르듯이 기자들도 소속 언론사가 어디냐에 따라 달라요.

제가 모든 언론사의 임금 체계를 알 수는 없지만 추정컨 대 지상파 방송사와 주요 보도전문 채널, 그리고 이른바 '조중 동(조선일보, 중앙일보, 동아일보)'으로 불리는 메이저신문 3 사는 대기업 평균 임금 또는 그에 약간 못 미치는 수준일 거 예요. 나머지 소규모 언론 매체는 잘은 몰라도 앞서 말한 대 규모 언론사 수준에 미치지 못할 테고요. 월급 많이 받아서 부자가 되고 싶다면 기자 직업을 선택하지 않는 게 좋아요. 기자는 사명감으로 일하는 사람들이니까요. 앞서 말한 것처 럼 세상을 바꾸는 사람이라는 자부심으로 말이죠. 그렇다고 월급이 형편없이 적은 것은 아니니 그리 걱정할 필요는 없어 요. 먹고 살만큼은 받으니까요.^^

편 업무 환경은 어떤가요? 출퇴근이 불규칙하고 공휴일에도 못 쉬지 않나요?

윤 그 점은 좀 감수해야 해요. 사건 사고라는 게 언제 터질지 모르기 때문에 항상 대기해야 하죠. 큰 화재나 폭우, 지진과 같은 자연재해나 건물 붕괴 같은 사고가 근무 시간에만 발생하는 건 아니니까요. 주말과 유일에도 큰 취재거리가 생기면 바로 현장으로 달려가야 해요.

그런 점에서 기자라는 직업은 기본적으로 정시 출퇴근이 보장되는 직업은 아니에요. 그럼 사생활은 포기해야 하느냐는 질문이 나올 법도 하죠. 하지만 너무 걱정할 필요는 없어요. 그 정도는 아니에요. 예전과 달리 기자들도 주 52시간제 근로기준법을 적용받기 때문에 과거와 같이 혹사당하는 이른바 '3D(Difficult, Dirty, Dangerous)'는 아니에요. 어떤 특정한 큰 뉴스가 발생해서 평일 한밤중이나 휴일에 일했다면 나중에 대체 휴가를 사용할 수 있어요. 대부분의 언론사가 유연근무제라는 제도를 도입하고 있기 때문이죠. 안 그러면 위법행위로 언론사 대표가 처벌받을 수 있거든요. 사명감 하나로 과중한 업무에 시달리던 때에 비하면 세상 참 좋아진 거죠.

편 예측할 수 없는 사건 사고 때문에 휴일에도 마음 편히 쉬기 어려울 것 같아요.

윤 그렇긴 해요. 하지만 이런 상황도 사건 사고를 취재히는 사회부 사건팀 기자들에 주로 해당하는 내용이에요. 정치부나 경제부, 문화부 같은 부서의 기자들은 비교적 예측 가능한 근무를 하는 게 보통이죠. 물론 24시간 뉴스를 하는 보도채널이나 통신사, 매일 정해진 시간에 뉴스를 하는 지상파 방송사 기자들은 주말과 휴일에 누군가는 뉴스를 생산해야 하기 때문에 당번제로 근무를 해요. 휴일 당번 근무자는 주중에 쉬는 거죠. 그것도 불만이라면 기자는 할 수 없어요. 신문의 경우는 대개 일요일자를 발행하지 않기 때문에 토요일에는 전원이 쉬고, 금요일과 일요일에는 절반씩 근무해 주 5일 근무를 하죠.

편 다른 분야로 진출할 수 있나요?

윤 그렇게 흔한 일은 아니지만 기자가 현장에서 취재를 하다가 다른 분야로 직종을 바꾸는 경우도 가끔씩 있어요. 대표적으로 정치계나 경제계, 학계, 문화계로 옮기는 사례가 있죠.

기자에서 정치인으로 활동무대를 넓힌 사람들은 방송기자 출신이 많아요. 특히 메인뉴스 앵커를 했던 사람이 적지 않아요. 아마도 TV 뉴스를 통해 얼굴을 알림으로써 높아진 인지도가 선거에서 유리하게 작용한 것이겠죠. 우선 정치부 기자를 하면서 정치에 대해 이른바 '훈수'를 두기 시작하고 그러다가 대통령 선거 때 캠프로 가서 참모로 활동하다가 공천을 받아 당선되는 경우가 많은 것 같아요. 국회나 정당을 취재하다 보면 자연스럽게 정치에 관심이 높아지고 정치인들과의 인맥도 넓어지다 보니 정치의 유혹에 쉽게 노출되고 실제 정치에 뛰어들고자 하는 욕망이 생기는 경우가 있다고 해요. 저는 정치 현장에서 취재 활동을 하면서 그런 욕구를 느껴본 일은 없습니다만.

이낙연 국무총리도 기자였어요. 1979년 동아일보에 들어

가서 정치부 기자와 도쿄 특파원, 논설위원, 국제부장을 역임하는 등 21년간 언론인 생활을 했어요. 그 후 정계에 뛰어들어 4선 국회의원과 전라남도지사를 지내고 정부에서 대통령 다음의 제2인자인 국무총리 직무를 맡고 있죠(2019년 9월 현재). 기자 출신 국회의원은 상당히 많은데, 그중 다수가 방송 기자 출신이에요.

정동영 민주평화당 대표는 MBC 기자였어요. 그리고 메인뉴스인 MBC 뉴스데스크 주말 앵커도 했었죠. 이후 정치인으로 변신해 국회에 입성했고 통일부 장관도 지냈습니다. 현재는 국회의원이면서 당 대표예요.

현직 도시자 중에도 기자 출신이 있어요. 최문순 강원도지사는 1984년 MBC 기자로 입사해서 전국언론노동조합 위원장과 MBC 대표이사 사장을 역임한 뒤 국회의원이 됐고 강원도지사에 3번 연속 당선됐어요. 기자에서 노조위원장, 그리고 사장, 국회의원, 도지사, 화려한 이력이죠?

아나운서로 입사했다가 기자로 전직, 뉴스 앵커를 거쳐 국회의원, 그리고 장관 자리에 오른 여성도 있어요. 바로 박영선 중소벤처기업부 장관인데요. 1982년 MBC 아나운서로 방송계에 첫발을 내디딘 뒤 기자로 전직했고 뉴스데스크 주말 앵커로 활약했어요. 그리고 정치로 활동 범위를 넓혀 국회의원을 4번 연속했고 당 원내대표를 하다가 정부 장관까지 역임하게 됐죠.

기자에서 뉴스 앵커로 명성을 날리다가 정계에 입문해 국회에서 활약, 다시 TV 뉴스 앵커로 복귀한 사람도 있어요. 이윤성 앵커가 그린 경우인데 1970년 KBS 기자로 입사한 이윤성 앵커는 KBS 뉴스9의 간판 앵커로 큰 인기를 누리다가 정계에 투신해 4선 의원을 지내고 국회부의장까지 역임했어요. 그러고는 다시 방송에 복귀해 종편 채널인 MBN에서 메인뉴스 앵커를 지내기도 했어요.

📄 아무래도 TV에 나오면 인지도가 높아져서 선거에 유리한가 봐요?

📄 그런 경향이 있는 것 같아요. 유권자 입장에서는 친숙한 얼굴의 소유자에게 호감이 가지 않겠어요. 그것도 뉴스를 전달해주는 사람이 국회의원 후보로 나오면 전혀 알지 못하는 사람에 비해 호감이 가는 게 인지상정이겠죠. 그래서 그런지 아나운서나 메인뉴스 앵커 출신의 정치인이 유달리 많은 편이에요.

편 기업인이나 학자로 변신하는 경우는 없나요?

윤 물론 있죠. 이인용 삼성전자 사장처럼 기자에서 대기업 홍보담당 임원으로 영입돼 커뮤니케이션팀장 겸 사장을 지낸 분이 대표적이에요. 이분처럼 특히 기업 홍보분야로 무대를 옮기는 경우가 더러 있어요. 더불어 강형철 숙명여대 교수나 안병억 대구대학교 교수, 원종원 순천향대학교 교수처럼 기자 경험을 쌓은 후 대학에서 신문방송학 또는 국제관계학, 공연학 등을 가르치는 교수님들도 계시고요. 때로는 변호사로 변신하거나 방송 평론가로 활동하는 사람들도 있어요.

편 그런데 왜 기자를 하다가 직업을 바꾸는 걸까요?

윤 중앙일보 기자였다가 법조계로 옮긴 양지열 변호사에게 사법고시를 준비하게 된 계기를 물어봤더니 이런 답이 돌아왔어요.

"넓은 분야의 여러 가지 일을 하는 것이 기자로서의 장점이었지만, 전문성이 부족하다는 생각을 하게 됐고, 사회의 갈등을 많이 취재하다 보니 그중에서도 법률에 관심을 가지게 됐어요."

양지열 변호사는 어려운 법적인 문제를 쉽게 풀어 정리하는 데 있어서 기자 경험이 크게 도움됐다고 하더군요. 기자나 변호사나 세상을 바꾸는 직업은 매한가지 아닐까 싶어요.

한겨레신문 기자였던 이원재 랩2050 대표는 유학 후 삼성경제연구소와 한겨레경제연구소에서 일했고요, 한때 안철수 대선 후보 캠프에서 경제정책 참모로 일하기도 했답니다. 이원재 대표는 유학을 결심하게 된 계기에 대해 기사를 쓰는 일만으로는 사회를 변화시키는 데 한계를 느껴 공부를 더 하기로 결심했다고 해요. 그리고 대선 후보 캠프에서 일할 때 기자 경력이 도움이 됐는지에 대해 물어봤더니 이렇게 답하더군요.

"기자는 초기 5~6년 동안 집중적으로 현장에서 기사를 쓰는 일을 하잖아요. 이 과정에서 영향력 있는 사람들을 많이 만나면서 사회를 전체적으로 조망할 수 있는 힘과 복잡한 사안을 알기 쉽게 단순화해 전달하는 힘이 생기고요. 이 두 가지 힘은 언론뿐 아니라 정치권, 기업, 시민단체, 학계 등 사회 다양한 분야에 필요한 능력인 것 같아요. 그런 점에서 큰 도움이 되었지요."

매일경제신문 기자에서 경제평론가 겸 경제 칼럼니스트로 활동 무대를 바꾼 정철진 씨는 원래 자산운용사를 운용할 목적으로 매일경제신문을 그만뒀다고 해요. 그러다가 우연히 방송 일을 하게 됐는데 재미있게 하고 있다고 하더군요. 신문사 기자로 일하면서 오래 취재해 알고 지낸 취재원들을 많이 확보했던 것이 큰 도움이 된답니다. 정철진 씨는 진로를 탐색하는 청소년들에게 이렇게 말했어요.

"미래에도 사회의 숨겨진 진실을 밝히고, 어려운 논리를 쉽게 풀어주고, 약자의 입장을 대변해주고, 국제 경제 문화의 트렌드를 통찰해주는 역할이 필요합니다. 그런 측면에서 기자라는 직업은 매우 매력적이라고 생각해요."

세 사람의 공통점은 세상을 바꾸고 싶다는 생각엔 여전히 변함이 없다는 것이에요. 무대를 바꿀 수 있는 길이 열려 있다는 점에서 기자라는 직업 매력적으로 다가오지 않나요?

편 기자님의 은퇴 후 계획은 뭔가요?

윤 저는 지금까지 만 25년 넘게 기자로 살고 있어서 사실 기자 외에 어떤 일을 할 수 있을지 잘 모르겠어요. 기자가 적성에 맞는다고 생각하거든요. 사람들에게 무언가를 알려주는일, 어떤 사안을 분석하고 올바른 방향을 제시하는 일, 그것을 통해 세상을 좀 더 좋은 방향으로 바꾸어가는 데 도움이되는 역할을 계속하고 싶어요. 그런 점에서 은퇴 후에도 지속적으로 세상에서 벌어지는 일을 관찰하고 문제점을 들여다보고 개선 방안을 찾는 일을 할 생각이에요. 미디어 환경이 급변하는 현대사회인 만큼 또 다른 기회가 주어질 수 있을 거예요. 지금 막연하게 생각하는 것은 1인 미디어에요. 글을 써서기고하는 프리랜서 저널리스트 또는 칼럼니스트도 은퇴 후직업 리스트 중 하나예요. 한 가지 분야를 정해서 깊이 있는내용을 취재하고 담아내 책으로 출판한다든지 하는 것도 의미 있는 일일 것 같아요.

편 말씀하신 대로 요즘 1인 미디어 시대잖아요. 요즘 어린이

중에 장래 희망을 물어보면 유튜버라고 답하는 친구들이 많다던데, 유튜버는 어떠세요?

🔲 그것도 좋은 아이디어네요. 방송기자로서의 저의 경험을 토대로 하면 유튜버도 충분히 잘 할 수 있지 않을까요^^. 사실 요즘도 도쿄 특파원 3년의 경험과 비교적 자신 있는 '일본어'를 활용해 일본인들을 대상으로 한 콘텐츠를 제작하고 있거든요. 2018년 말부터 시작했는데 지금은 이것저것 실험적으로 해보는 수준이지만 나중에는 적극적으로 전 세계 사람들과 소통하는 콘텐츠를 만드는 크리에이터가 되어보면 어떨까 하는 생각도 있어요. 그리고 또 한 가지, 나중에 은퇴 후 이루고 싶은 한 가지 꿈이 있어요. 아시아와 유럽 등 전 세계를 돌아다니며 한 도시에 한 달씩 살아보는 것. 50개 도시가 목표예요. 그 도시 사람들과 소통하고 문화와 사회에 대한 공부도 하는 것이 제 꿈이에요. 그런 것들을 제 나름의 시각과 관점에서 풀어내는 글과 영상을 만들고 싶어요. 그 또한 우리 사회에 도움이 되는, 그래서 사회에 긍정적인 변화를 초래하는 일이 된다면 더할 나위 없지 않을까요? 어때요? 멋지지 않아요? (하하하)

🔲 네. 아주 멋진 일 같아요.

편 인공지능 AI 시대가 도래했어요. 머지않은 미래에도 기자는 필요한 직업일까요?

윤 4차산업혁명이 진행되면서 인공지능이 주목을 받고 있죠. 특히 AI가 수많은 사람의 직업을 대신할 것이라는 전망 때문에 다 실업자 되는 것 아니냐는 걱정도 많이들 하더군요. 실제로 소설도 AI가 쓰는 시대에 우리는 살고 있어요. AI가 작곡도 한다더군요. 이쯤 되면 기사쯤이야 AI가 못 쓰겠어요? 실제로 스포츠 경기 결과에 대한 기사를 놓고 진짜 기자가 쓴 기사와 AI가 쓴 기사를 보여주고 어느 게 진짜 기자가 쓴 기사인가, 어느 기사가 더 잘 쓴 기사인가 등을 물어본 실험이 있었어요. 그랬더니 AI가 쓴 기사가 진짜 기사 같다는 응답이 더 많았을 뿐 아니라 더 잘 쓴 기사라는 답이 많아서 기자 사회에 충격을 줬죠.

그래서 그런지 실제로 이미 일부 인터넷 매체는 AI를 활용해 기사를 작성하고 있어요. 주로 주식가격의 등락을 다룬 기사에 AI를 활용하는 경우가 많아요. 그 이유는 일정한 데이터, 즉 당일 마감된 코스피 지수와 전날 지수와 같은 숫자로

된 데이터를 입력하면 그것을 토대로 일정한 형식에 따라 AI 가 자동으로 기사를 쓰는 시스템이죠. AI는 과거 사람이 썼던 증권 관련 기사 수만 건을 딥러닝을 통해 숙지한 뒤 기사의 스타일을 익히는 거죠. 사람이 일정한 데이터만 입력하면 과 거의 유사 기사처럼 만들어내는 원리에요.

스포츠 기사도 마찬가지죠. 어느 두 팀이 농구 경기를 했다고 치면 몇 대 몇으로 누가 이겼고, 결정적인 골은 누가 넣었고, 어떤 특이한 장면이 있었는지 몇 가지 숫자와 팩트만 사람이 입력하면 자동으로 과거 유사한 경기의 스타일을 찾아내 기사를 생산해낸다는 거예요.

우리는 이미 AI 기사 작성 시대에 와 있어요. 그러나 기자들의 자리를 완전히 메꾸지는 못하고 있어요. 위의 예처럼 숫자 데이터 일부를 입력해서 만들 수 있는 기사는 그리 많지 않기 때문이죠. 정치 기사나 사건 기사를 보면 어느 누가 어디서 뭐라고 말했고, 그 말의 의미는 무엇이고, 그 말이 어떤 영향을 미쳤고, 상대측의 반응은 어떻게 예상되는지와 같은 팩트 전달과 분석, 전망 같은 복잡한 것들은 AI가 다 하지는 못하기 때문이에요. 미래에는 그런 일까지 가능하지 않겠느냐고 되물을 수 있겠지만 그건 아무도 알 수 없어요.

기술의 발전 속도가 상상을 초월할 만큼 빠른 건 사실이에요. 그렇다고 앞으로 모든 일은 AI가 대체할 테니 인간이 할 일은 없다. 그러니 준비할 게 없다. 이렇게 대응할 수는 없는 일이죠. 변화가 오면 그때 그 변화에 맞춰 적응하는 게 인간이니까요. AI가 기사 작성을 대신하는 시대가 오더라도 취재 자체는 여전히 인간이 해야 하는 일이니 기자라는 직업이 없어지지는 않을 것 같아요. 그러니 기자는 여전히 도전해볼 만한 직업이라고 저는 확신합니다.

기자의 세계_ **01**

취재 현장

취재하면서 위험한 경우는 없나요

가장 기억에 남는 취재 현장은 어디였나요

특종이 뭔가요

특종을 한 경험이 있으세요

특종을 놓치기도 하나요

보도국의 모습이 궁금해요

JOURNALIST
세상을 바꾸고 싶다면
기자
CHANGE THE WORLD

편 취재하면서 위험한 경우는 없나요?

윤 글쎄요. 평상시에 취재 활동하는 것이 위험하다고 생각해 본 적은 없어요. 다만 태풍이 한반도에 상륙할 때 바닷가에서 중계할 경우 파도에 휩쓸릴지도 모를 걱정, 아니면 강풍에 간판이 떨어지거나 가로수가 뿌리째 뽑히면서 취재하는 기자에게 쓰러질 우려, 지진 현장을 취재하는데 강력한 여진이 발생해 무너진 건물더미에 깔릴 염려, 그런 것이 위험이라면 위험일 수 있겠죠. 하지만 그건 굳이 기자들에게만 해당하는 위험은 아니겠죠. 그리고 만에 하나 있을지 모를 그런 위험에 대비해 안전모를 쓰고 구명조끼를 입는 등 기본적인 안전장비는 갖추고 취재에 임해요.

　뒤에서 얘기하겠지만 저의 경우 2011년 동일본 대지진 당시 폭발한 후쿠시마 원전 인근을 취재하다가 방사능에 노출돼 피폭되는 '영광의 상처'를 안기는 했어요. 방사능이라는 게 눈에 보이지도 않고 냄새도 나지 않기 때문에 그 위험성을 알 수 없었거든요. 그래서 방사능 측정기가 경고음을 울리는데도 실태를 전달하고자 좀 더 원전 가까이 갔다가 그만 염색

2011년 3.11 동일본 대지진 현지 취재 당시 후쿠시마 원전 29km 지점 출입금지 표
지판 앞에서.

체 손상이라는 결과를 얻었답니다. 당시 일본 언론사 기자들은 원전 주변 30km 이내에 들어가서 취재하는 경우가 없었어요.

일본정부가 접근 금지령을 내렸을 뿐 아니라 언론사들이 기자들의 안전을 위해 근접취재를 금지했기 때문이었죠. 하지만 저는 지금 생각하면 아찔한 일이지만 당시에는 호기심과 궁금증, 그리고 기자는 현장의 생생한 모습을 있는 그대로 알려야 한다는 생각에 출입금지라고 쓰인 간판을 무시하고 원전 29km지점까지 진입했었죠. 회사에서 말리지도 않았고요^^.

🔲 가장 기억에 남는 취재 현장은 어디였나요?

🔳 기자 생활 25년간 가장 기억에 남는 취재 현장은 역시 동일본 대지진이에요. 동일본 지역에 악몽과 같은 대재앙이 휩쓸고 간 현장이죠. 리히터 규모 9.0의 초강력 지진은 2만여 명의 목숨을 앗아갔고 33만여 명의 삶의 터전을 송두리째 빼앗아 갔어요. 커다란 화물선이 바다가 아닌 육지 위에 덩그러니 서 있고 버스는 마을회관 지붕에 올라가 있었어요. 해안가 마을 목조주택은 모조리 사라진 채 콘크리트 건물 하나만 우뚝 서 있는 풍경이 너무 생경했어요. 구조대들이 들것으로 연신 시신을 옮기는 장면이 눈앞에 펼쳐졌죠.

대피소마다 이재민들로 넘쳐났어요. 게시판에는 "나는 안전하다. 소식이 궁금하니 연락하라. 아무개를 찾는다"라는 눈물 없이는 볼 수 없는 사연의 메모지가 죽 붙어 있었죠. 1년 뒤 찾아간 후쿠시마 원전 인근 마을 축사에는 주인에게 버림받은 소들이 뼈만 남은 채 당시의 참상을 보여주고 있었어요.

2011년 3.11 동일본 대지진 당시 현장 취재.

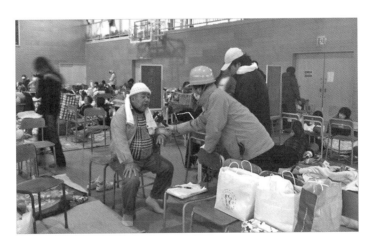

대피소의 이재민 취재.

동일본 대지진 발생 1년 후 후쿠시마 원전 인근 10km 지점에서 취재하는 저자.

동일본 대지진 발생 1년 후 후쿠시마 원전 인근 마을 축사. 당시 농장주가 긴급히 대피한 바람에 떼죽음한 소들의 뼈만 남은 모습.

📱편 지진 당시 일본에 계셨기 때문에 취재하게 된 건가요?

📱윤 아뇨. 한국에 있었는데 현장에 가겠다고 자원했어요. 도쿄 특파원으로 일본에서 3년 근무를 한 경험이 있었기 때문이죠. 지진이 난 2011년 3월 11일 당일은 나리타공항과 하네다공항이 폐쇄돼 비행기 편이 없었어요. 다음 날 첫 비행기로 출발했죠. 도쿄에서 지진 피해지역인 미야기현 센다이시를 비롯한 동북지역으로 가려 했지만, 고속도로가 폐쇄되는 바람에 니가타를 거치는 우회로를 선택했어요. 그 이튿날 새벽에야 현장에 도착할 수 있었죠. 해안가 항구에는 자동차들이 아무렇게나 뒤엉킨 채 아비규환이었고 집들은 쓰러져 있었어요. 그야말로 쑥대밭이었어요. 북쪽으로 올라갈수록 피해는 어마어마하게 컸어요. 미야기현, 이와테현을 거치며 계속해서 지진과 쓰나미가 할퀴고 간 참담한 현장을 한국 시청자들에게 알렸어요.

그리고 후쿠시마 원전 폭발로 인한 방사능 유출 사고가 발생했다는 소식에 인근 마을 주민들이 대피해 유령마을처럼 변했다는 소식, 대피령에도 가축 돌보기와 농사일을 위해 집안에 머무는 주민들의 목소리도 담았죠. 규모 9.0은 1900년 이후 전 세계에서 4번째로 큰 규모의 지진으로 일본 역사상

2011년 3.11 동일본 대지진 당시 잿더미로 변한 미야기현 게센누마 마을에서.

최대 규모였어요. 그런 만큼 가장 큰 인명피해를 냈던 지진이에요.

특히 원전 폭발로 인한 방사능 유출, 그로 인한 해양 오염, 토양 오염은 지금까지 해결하지 못하고 있는 대재앙으로 남아 있어요. 그런 엄청난 대재앙의 현장을 목도하고 밤낮으로 여진의 공포와 싸우면서 잠잘 곳도 없이 승용차 안에서 쪽잠을 자고, 문을 연 음식점도 없어 길에서 밥을 해 먹거나 마음씨 좋은 일본 주민 집에서 밥을 얻어먹으며 취재했던 기억이 지금도 생생해요. 이 정도로 큰 규모의 재난 현장에서 취재한 기자가 대한민국에 몇 명이나 될지 모르겠지만 보통 기자가 해보지 못한 경험을 했다는 점에서 가장 기억에 남는 취재 현장이에요.

편 기자들이 '특종'이라는 말을 많이 하는 것 같던데 특종이 뭔가요?

윤 특종은 많은 언론사 또는 많은 기자 중에 특정 언론사 또는 특정 기자만 취재해서 보도한 기사를 말해요. '단독 보도'(또는 단독 기사)라는 용어도 있는데, 다른 사람들이 취재하지 못한 내용을 나만 취재해서 보도할 경우 '단독 보도'라고 하고 그 기사의 가치가 뛰어날 때 이를 '특종 기사' '특종 보도'라고 해요. 예를 들어 JTBC의 최순실 태블릿 PC 보도의 경우가 대표적인 특종이라고 할 수 있죠.

편 특종은 어떻게 하나요?

윤 특종을 한다는 것은 짜릿한 일이에요. 언론사 간의 치열한 경쟁 속에서 다른 기자가 모르는 내용을 취재해 보도하고 그 기사가 파장을 일으키는 것, 나아가 세상을 바꾸는 실마리가 된다면 더할 나위 없겠죠. 기자들은 그 맛에 산다고 해도 과언이 아닐 거예요. 그만큼 어려운 일이에요. 쉽다면 특종이 아니죠. 끊임없는 노력 없이는 특종하기 어려워요. 취재원들과 자주 만나 친분을 쌓고 신뢰 관계를 쌓다 보면 우연히 특종의 기회가 생기는 경우도 있어요.

편 기자님도 특종으로 보도한 경험이 있으세요?

대단한 건 아니지만 그래도 몇 가지 단독기사가 있어요. 특종이라고까지 하기는 좀 부끄럽지만 말이죠.

 특종 보도 1

[단독] 에티오피아 북한 대사관 직원, 한국 망명

앵커

에티오피아에서 근무하던 북한 대사관 직원이 지난해 한국으로 망명한 것으로 확인됐습니다. 이 사람은 당시 현지 한국 대사관으로 뛰어들어 도움을 요청했는데, 북한 대사관은 한국 대사관 앞에서 차량 시위까지 벌였던 것으로 밝혀졌습니다.

윤경민 기자의 보도입니다.

에티오피아 주재 북한 대사관 직원 김 모 씨가 지난해 하반기 한국 대사관으로 망명을 신청해 한국으로 입국한 것으로 확인됐습니다. 외교 소식통은 주 에티오피아 북한 대사관의 직원이면서 의사인 40살 북한 남성 한 명이 지난해 10월 중순 한국 대사관으로 뛰어 들어와 망명을 신청했으며 2~3주일 동안 대사관 내에 머물렀다고 밝혔습니다. 당시 현지 북한대사는 이 사실을 알고 한국대사에게 전화를 걸어 계속 숨기면 좋지 않을 것이라고 위협했고 북한 대사관 차량들을 한국 대사관 입구에 도열시켜 놓고 시위까지 벌였던 것으로 확인됐습니다. 정부는 곧바로 외교부의 이준규 재외동포영사 대사를 에티오피아로 급파해 11월 초 김 씨를 한국으로 입국시켰다고 소식통은 전했습니다. 이에 대해 외교부 관계자는 탈북자에 관한 사항은 상대국이 있는 만큼 일일이 확인해줄 수 없다며 확인도 부인도 하지 않았습니다. 이런 가운데 해외에 체류 중인 탈북자들의 한국행을 돕기 위한 탈북자 전담팀이 외교부에 구성됐습니다. 외교부 관계자는 탈북자도 대한민국 국민이라는 점에서 재외국민 보호 차원에서 다루기로 했다고 말했습니다. 탈북자 전담팀은 외교부 재외동포영사국에 구성돼 오는 6월부터 본격 가동에 들어갈 예정입니다. 외교부 내 탈북자 전담팀은 탈북자들이 한국행을 원할 경우 이들이 체류하고 있는 나라의 정부와 직접 협상을 하고 필요할 경우 대사 또는 영사를 현지에 파견해 한국으로 데려오는 역할을 수행하게 됩니다. 지금까지 제 3국을 거쳐 한국으로 들어온 탈북자는 2만 명에 육박하고 해외에 체류 중인 탈북자 수는 수십만 명에 이르는 것으로 추정되고 있습니다.

YTN 윤경민입니다.

2010년 1월 26일 YTN을 통해 보도된 위 기사는 사실 개인적으로는 매우 가슴 아픈 기사예요. 기사가 나간 뒤 여러 언론사가 받아쓰는 등 파급력을 발휘했지만, 해당 사실을 알려준 당사자는 국정원 조사를 받은 뒤 좌천당하고 말았어요. 국가기밀에 해당하는 사실을 언론에 누설했다는 것이 '죄목'이었어요.

이명박 정권 당시 남북관계 경색이 지속되던 시점에 에티오피아 주재 북한 대사관 직원이 한국 대사관에 들어가 망명을 신청했다는 건 큰 뉴스였어요. 특히 이를 안 북한 대사관 직원들이 한국 대사관 주변에 차량 도열 시위를 벌이며 망명자를 내놓으라고 위협했고, 한국 외교부는 고위인사를 보내 직접 국내로 데리고 들어왔으니 말이죠.

기사가 파급력은 있었지만 이후 벌어진 국정원의 조사와 그로 인한 해당 인사의 좌천으로 저와 그 취재원의 신뢰 관계는 무너지게 됐어요. 관계도 소원해졌죠. 지금도 그에 대한 미안한 마음을 가지고 있어요. 시간이 흐른 후 그 취재원은 어느 나라 대사로 발령받아 나갔고 이후 페이스북을 통해 연락을 주고받는 사이가 되긴 했지만, 여전히 마음 한편이 아립니다. 그 이후로 취재원과의 신뢰 관계를 깨뜨리지 않기 위해 항상 노력하고 있어요.

다음 기사를 볼까요? 채널A 국제부장으로 일하던 2012년 채널A와 동아일보를 통해 썼던 기사예요.

특종 보도 2

[뉴스A 단독] 3년 전 MB 만난 오자와
"내가 총리 되면 독도 포기"

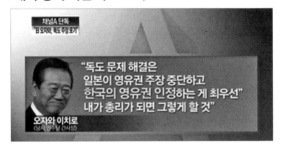

앵커

모든 일본 정계 지도자들이 독도 야욕을 불태우고 있는 건 아닙니다. 오자와 전 일본 민주당 대표가 3년 전 이명박 대통령을 만난 자리에서 자신이 총리가 되면 독도 영유권 주장을 포기하겠다고 말한 것으로 확인됐습니다. 오자와 전 대표는 총리 물망에 여러 번 올랐던 일본 정계의 실력잡니다.

윤경민 국제부장의 단독 보돕니다.

"내가 총리가 되면 독도 영유권을 포기하겠다"

지난 2009년 12월 당시 일본 집권 민주당의 간사장이었던 오자와 씨가 청와대에서 이명박 대통령을 만났을 때 한 발언입니다.

오자와 씨는 한일관계 개선을 위해서는 일본에 대한 한국인의 한을 달래주지 않으면 안 되는데, 그러려면 독도 문제 해결이 최우선이라고 말했다고 당시 면담에 관여했던 외교소식통이 전했습니다.

오자와 씨는 그러면서 독도 문제 해결은 일본이 영유권 주장을 중단하고 한국의 영유권을 인정하는 길이 최우선이라며 자신이 총리가 되면 그렇게 하겠다고 강조했습니다. 하지만 조건을 내걸었습니다. 독도영유권 주장은 어업에 관한 것이기 때문에 시마네현 어민들이 독도 주변에서 어획 활동을 할 수 있도록 해달라는 겁니다.

오자와 씨의 이 발언은 독도가 의심할 여지없이 일본 고유의 영토라는 노다 총리의 주장에 정면 배치되는 발언이어서 주목됩니다.

오자와 씨는 또 이명박 대통령을 만난 자리에서 자신이 총리가 되면 일본 왕이 백제계임을 궁내청이 발표하도록 하겠다는 말도 했습니다.

간무 왕의 어머니가 백제계라는 점을 일왕이 직접 밝힌 바 있다면서 궁내청의 공식 발표를 추진하겠다는 겁니다. 실제로 아키히토 일왕은 지난 2001년 자신의 생일 기자회견에서 8세기 말 재위했던 제 50대 간무왕의 어머니가 백제 무령왕의 후손이라는 기록이 있다며 한국과는 특별한 감정이 있다고 말한 적이 있습니다.

오자와 씨는 그러면서 한일 강제병합 100년인 2010년 일왕의 방한을 추진하겠다고 밝혔습니다. 대신 한국 측에서 반발시위가 없어야 한다고 조건을 달았습니다.

이명박 대통령의 일왕 방한 관련 발언이 뜬금없이 나온 게 아니라는 점을 알 수 있는 대목입니다.

50년 일본 자민당의 아성을 무너트리고 정권 교체를 이뤄낸 민주당의 사실상 최고 지도자였던 오자와 씨. 오자와 씨는 총리 자리에 오르지 못하고 지난 7월 민주당을 뛰쳐나와 야당 당수가 됐습니다.

[녹취: 오자와 이치로]
"지금의 민주당은 정권교체 당시의 민주당과는 딴판으로 변했습니다"

일본 정계를 쥐락펴락했던 오자와 씨의 독도 영유권 포기 발언과 일왕 방한 추진 발언은 일본 내부에도 적잖은 파장을 일으킬 전망입니다.

일본 지도자들의 망언이 잇달아 쏟아지는 이 때 누가 일본을 이끌어 가느냐가 한일관계의 미래를 결정할 수도 있다는 점에서 그의 발언이 주목받고 있습니다.

채널에이 뉴스 윤경민입니다.

위 기사는 취재원으로부터 들었던 이야기를 3년 만에 기사화한 것이에요. 오자와 이치로 전 일본 민주당 대표가 청와대를 방문해 이명박 대통령과 만났던 사실을 아는 사람은 거의 없었어요. 왜냐하면 비공식 회동이었거든요. 게다가 그 자리에 배석한 사람은 양측의 통역사를 포함해 단 몇 명에 불과

했어요. 구체적으로 밝히면 신원이 드러날 우려가 있으니 더이상은 얘기하지 않을게요.

🔲 그 이야기를 들은 건 3년 전인데 왜 긴 시간이 흐른 뒤에 기사를 쓴 건가요?

🔲 그 이유는 당시 취재원이 원하지 않았기 때문이에요. 그 이야기를 들었을 때 곧바로 쓰고 싶었지만 취재원이 기사가 나가게 되면 자신이 드러날 수밖에 없다면서 쓰지 말아달라고 부탁했어요. 그래도 욕심이 났지만 그 취재원과는 신뢰관계를 깨고 싶지 않았기 때문에 기사를 쓰지 않고 묵혀뒀죠. 당시엔 제가 YTN에 있었을 때였고 채널A 국제부장으로 옮긴 후에 이명박 대통령의 독도 방문 이후 한일관계가 급속도로 얼어붙으면서 3년 전 이야기가 생각났어요. 일본의 총리 후보 감이 한국 대통령을 만났을 때 자신이 총리가 되면 독도 영유권 주장을 하지 않겠다고 말했던 게 그 시점에 큰 파장을 일으킬만한 기사라고 판단했던 거죠. 그래서 해당 취재원에게 부탁했어요. "지금은 그 기사를 썼으면 좋겠다. 아니면 그때 오간 이야기는 영원히 세상 밖으로 나올 수 없을지 모른다"고 설득을 했어요. 그랬더니 그 취재원이 수긍을 했어요. 그래서

오자와 "총리 되면 독도 포기" MB에 밝혔었다

동아일보 입력 2012-08-30 03:00 수정 2012-08-31 00:47

| 日정계 실력자 2009년 방한때 어민 조업활동 보장 조건부로 '한국인 恨 달래줄 방안' 제안

일본의 정계 실력자인 오자와 이치로 (小澤一郎) 전 민주당 대표가 2009년 12월 방한해 이명박 대통령을 예방한 자리에서 '조건부 독도 영유권 포기' 의사를 밝혔던 것으로 확인됐다.

2009년 12월 방한한 오자와 이치로 전 민주당 대표(오른쪽)가 청와대 예방해 만찬에 앞서 이명박 대통령과 면담하고 있다. 청와대 제공

29일 면담에 관여한 외교소식통에 따르면 당시 집권 민주당의 간사장이었던 오자와 전 대표는 "한일 관계 개선을 위해서는 한국인의 한을 달래주지 않으면 안 된다"며 "그러려면 독도 문제 해결이 최우선"이라고 강조했다.

오자와 전 대표는 독도 문제 해결책과 관련해 "일본이 영유권 주장을 중단하고 한국의 영유권을 인정해야 한다"며 "총리가 되면 그렇게 할 것"이라고 이 대통령에게 밝혔다. 그는 이어 "일본의 독도 영유권 주장이 어업과 관련돼 있다"며 독도 영유권 포기의 전제조건으로 시마네(島根) 현 어민들의 독도 주변 해역 어획 활동 보장을 요구했다고 이 소식통은 전했다.

비공식적 의견 개진 형식이지만 일본의 주요 정치인이 독도 영유권 포기 가능성을 시사한 것은 매우 이례적인 일이다.

2012. 08. 30 동아일보 2면.

채널A 저녁 메인뉴스와 다음 날 동아일보 2면에 기사가 실리게 됐죠.

교도통신을 비롯한 일부 일본 언론이 제 기사를 인용해 보도하면서 일본에서 큰 파문이 일었어요. 예상했던 일이지만 오자와 전 대표는 즉각 부인했어요. 그런 말을 한 적이 없다고 딱 잡아뗀 거죠. 일본의 우익세력이 들고일어날 판이어서 자신의 정치생명에 위협을 받게 됐는데 그걸 인정할 수 없었던 거죠. 한국 정부도 부인했어요. 기자들의 문의를 받은 청와대 대변인이 그런 사실이 없다고 발뺌을 했어요. 인정할 경우 오자와의 입장이 난처해지고 외교 문제로 비화할 가능성이 크기 때문이었죠.

그 기사가 나가고 3년쯤 후에 당시 부인했던 청와대 대변인을 만난 자리에서 물었어요. "사실을 확인하고 부인한 거였나요?" 그랬더니 그런 일이 있었는지조차 기억하지 못하더군요. 그러면서 "아마 무조건 부인했을 것"이라고 솔직히 털어놓더군요. 여기서 구체적으로 밝힐 순 없지만, 대변인은 이명박 대통령과 오자와 전 대표가 이야기를 나누던 시간에 배석하지 않았고 제 취재원은 배석했다는 사실만 말씀드릴게요. 아무튼 진실을 덮을 수는 없죠. 물론 결과적으로 양쪽 모두 부인함으로써 기사의 파급력은 줄었지만, 일본 정계의 실력자가 그런 생각을 갖고 있다는 것을 확인했고 기사화함으로씨 누가 일본의 정권을 잡느냐에 따라 독도를 둘러싼 한일 갈등은 해법을 찾을 수 있을 것이라는 시사점을 던져준 기사였다고 저는 지금도 자부하고 있어요.

이번에는 개인 유튜브 채널에 특종기사를 올렸던 사례를 소개할게요.

특종 보도 3

퇴위 아키히토 일왕, 극비리에 방한 추진.
측근인사 무령왕릉 답사

30년 만에 스스로 왕좌에서 물러난 아키히토 전 일본 전 국왕이 최근 극비리에 방한을 추진했던 것으로 전해졌다. 일본 정부 관계자는 아키히토 전 일왕이 지난해 9월 최측근 인사를 한국 공주의 무령왕릉에 보내 방문을 위한 사전답사를 했다고 밝혔다. 당시 무령왕릉을 찾았던 이 인사는 안내를 맡았던 학예사에게 "아키히토 천황이 무령왕릉을 비롯한 백제 문화 유적지를 방문하고 싶다는 뜻을 밝혔다"고 한 관계자는 전했다. 무령왕릉을 찾았던 이 인사는 지난 1월 (2019) 일본에서 한국의 전직 유력 정치인을 만난 자리에서도 "아키히토 천황이 무령왕릉을 가고 싶어 하는데, 방법이 없겠느냐"고 물으면서 퇴위 후 한국을 가더라도 한국 정부의 초청이 있어야 가지 않겠느냐"며 한국 정부의 공식 초청을 우회적으로 요청했다고 말했다. 그러면서 "아키히토 천황의 퇴임 후 방한이 성사되기 위해서는 여건이 조성돼야 할 것"이라며 여건 조성을 위해 노력해 줄 것을 요청했다고 덧붙였다.

아키히토 전 일왕이 무령왕릉 방문을 희망하는 것은 자신이 무령왕과 한핏줄이라고 여기고 있기 때문으로 보인다. 아키히토 전 일왕은 2001년 자신의 생일 기념 기자회견에서 "간무 천황의 생모가 백제 무령왕의 자손이라고 속일본기(續日本紀)에 기록되어 있는 것에, 한국과의 인연을 느끼고 있다"라고 말한 바 있다. 2017년에는 고구려 왕족을 모시는 고마(高麗: 고구려를 의미) 신사를 방문해 주목받기도 했다. 그뿐만 아니라 아키히토 전 일왕은 과거 한반도 침략에 대해서도 여러 차례 사죄 발언을 했다. 1990년 노태우 대통령과 만난 자리에서 했던 이른바 '통석의 념' 발언(일본이 초래한 불행했던 시기에 한국인들이 겪었던 고통을 생각하면 통석의 념을 금할 수 없다.)부터 1998년 김대중 대통령과 회동했을 때는 "한때 일본이 한반도 사람들에게 큰 고통을 가져다준 시대가 있었습니다. 그에 대한 슬픔은 항상 내 기억 속에 있습니다"라는 표현으로 사과했다. 또 해마다 종전기념일인 8월 15일에는 연설을 통해 "과거를 돌아보며 깊은 반성과 함께, 앞으로 전쟁의 참화가 반복되지 않기를 간절히 바란다"고 말해왔다.

아키히토 일왕의 측근 인사로부터 일왕 방한을 위한 여건을 조성해달라는 요청을 받은 한국의 유력 인사는 아직은 때가 아니라고 선을 그었다. 한일관계가 최악인 상황인 데다 정부 간 공식 루트를 통해 추진해야지 민간 차원에서 풀 사안이 아니라고 강조했다. 그러면서 향후 1년간은 쉽지 않을 것이며 어느 정도 한일관계의 경색국면이 풀리면 그때 자연스레 추진될 것이라고 전망했다.

사이판 방문 때 한국인 위령탑에 헌화하며 희생자들을 추도했던 아키히토 전 일왕, 그가 자신의 뿌리를 찾아 무령왕릉을 방문하고 더 나아가 나눔의집을 찾아가 위안부 피해 할머니 두 손을 꼭 잡고 진심 어린 사죄를 한다면 얼어붙은 한일 관계는 봄기운에 눈 녹듯 풀리지 않을까? 빌리 브란트 전 독일 총리가 폴란드 바르샤바의 전쟁 희생자 비석 앞에 무릎을 꿇고 사죄한 것처럼 말이다.

2019년 4월 30일 일본 일왕이 30년 재위를 마감하고 퇴위했어요. 자리에서 물러난 거죠. 일본 역사상 일왕이 죽기 전에 살아있는 동안 스스로 자리에서 물러나 아들에게 자리를 물려준 적은 처음이에요. 퇴위식과 즉위식이 차례로 열리면서 일본 국민뿐 아니라 전 세계의 주목을 받았죠.

그런데 퇴위한 아키히토 일왕이 퇴위를 결정한 배경에는 한국의 공주에 있는 무령왕릉을 방문하고자 하는 숨은 뜻이 있었어요. 퇴위 후에 꼭 무령왕릉을 찾아가 보려고 퇴위 7개월을 앞둔 2018년 9월에는 측근을 한국에 보냈어요. 이 측근 인사는 공주에 있는 무령왕릉을 찾아 일왕의 방문에 대비해 동선을 점검했죠. 그리고 학예사에게 "일왕이 무령왕릉을 방문하고 싶어 한다"라고 분명히 밝혔어요. 이 측근 인사는 또 2019년 1월 일본에서 한국의 유력인사를 만난 자리에서 "일왕이 퇴위 후 한국 방문을 희망한다"고 하면서 "그러려면 여건이 조성돼야 한다. 도와달라"고 협조를 요청했어요.

　이런 내용을 우연히 취재하게 된 저는 아키히토 일왕의 퇴위 직후 기사를 썼어요. 그런데 제가 당시 몸담고 있던 곳은 국제뉴스나 중앙 정치 뉴스를 다루는 매체가 아니고 지역 뉴스를 다루는 방송이어서 뉴스에 낼 수 없었어요. 몹시 안타까웠죠. 그래서 개인 유튜브 채널 윤TV(YoonTV)에 올렸어요. 한국보다 일본 사람들이 봐줬으면 하는 생각에 일본어로 제가 취재한 내용을 말하는 형식의 비디오 콘텐츠를 만들고 뒤편에 한글 기사를 덧붙였죠. 개인 유튜브 채널이 워낙 구독자 수도 적고(당시 300명) 영향력이 없었기에 조회 수는 수백

퇴위 아키히토 일왕, 극비리에 방한 추진

측근인사 지난해 무령왕릉 답사
일본전문 언론인 '윤TV'에 공개

2019-05-07 11:19:30 게재

30년 만에 스스로 왕좌에서 물러난 아키히토 전 일본 전 국왕이 최근 극비리에 방한을 추진했던 것으로 전해졌다. 이러한 내용은 YTN 도쿄특파원 출신 윤경민씨가 자신이 운영하는 유튜브채널 '윤TV'에서 밝혔다. 윤TV에 따르면 일본 정부 관계자는 아키히토 전 일왕이 지난해 9월 최측근 인사를 한국 공주 무령왕릉에 보내 방문을 위한 사전답사를 했다. 이 측근 인사는 아키히토 일왕이 방한에 대비해 동선을 점검하는 등 사전 답사 차원에서 무령왕릉 등 백제 유적지를 방문했다. 이 인사는 당시 안내를 맡았던 학예사에게 "아키히토 천황이 무령왕릉을 비롯한 백제 문화 유적지를 방문하고 싶다는 뜻을 밝혔다"고 말했다고 한 관계자는 전했다.

昭仁天皇, 訪韓のため側近を韓国に派遣

2019. 05. 07 내일신문.

회에 불과했어요. 하지만 국내 석간신문인 내일신문이 저의 유튜브 채널을 보고 인용 기사를 썼어요. 한국과 일본 언론 모두 큰 관심을 가질만한 뉴스였지만 저 외에는 이 사실을 확인할 수 있는 다른 기자는 없었어요. 취재원 보호를 위해 철저하게 소스가 드러나지 않게 썼기 때문이죠.

일왕의 언행은 정치적 행위로 비치기 때문에 재위 기간에는 방한이 불가능하다고 판단한 아키히토 일왕이 퇴위를 결심한 것으로 추정이 돼요. 그렇다고 퇴위하자마자 한국을 찾아 자신의 뿌리인 무령왕릉을 방문한다는 것도 부담이 무척 클 거예요. 특히 한일관계가 최악인 상황에서는 더군다나 부담이죠.

제 기사에도 나오지만 아키히토 일왕은 자신의 뿌리가 백제임을 밝혔고, 한반도 침략에 대해 사죄를 했어요. 아버지인 히로히토 일왕과는 달랐죠. 아무튼 제가 단독 취재한 기사가 대형 언론사가 아닌 개인 유튜브를 통해 세상에 알려짐으로써 파급력은 약했지만, 언젠가는 빛을 발할 날이 올 것이라 믿어요. 이 또한 뿌듯한 특종의 경험이에요. 특종과 단독기사는 중독성이 있다고 저는 늘 후배 기자들에게 말한답니다.

편 특종을 놓치기도 하나요?

윤 네. 저도 큰 특종을 할 뻔했는데 놓쳤던 안타까운 경험이 있어요. 2009년 11월 말로 기억해요. 제가 하루 휴가였는데 회사(YTN) 선배로부터 전화가 왔어요. 북한이 100대 1의 비율로 화폐개혁을 단행했다는 이야기를 모 취재원에게서 들었으니 알아보란 거였어요. 사실 그 선배가 이전에도 같은 취재원으로부터 받은 여러 알토란 같은 제보를 제게 전달해줬고 취재 결과 그것이 사실로 밝혀졌던 터라 이 또한 사실이겠구나 하고 추가 취재를 시작했어요.

쉬는 날이라 집에서 북한 경제 전문가와 탈북자 출신 연구원 등에게 전화해서 팩트 개더링(fact gathering, 사실 수집)을 했죠. 그런데 개연성은 있지만, 최종 확인은 안 되는 거예요. 심지어 통일부 당국자들로부터도 전혀 아는 바가 없다는 답변이 돌아왔죠. 그래도 제보자는 이전에도 팩트를 제보해줬으니 이번에도 맞을 것이란 믿음으로 기사를 써 내려갔어요. 그리고 마지막 문장에 "이와 관련해 통일부 당국자는 처음 듣는 이야기라며 확인해보겠다고 밝혔습니다"라고 썼죠.

그리고 팀장에게 보고하면서 당시 동기였던 통일부 출입 기자에게 최종 통일부 관계자 멘트 추가해서 기사를 완성해 달라고 부탁했어요.

저는 당시 외교부 출입 기자였거든요. 이렇게 기사를 완성한 게 점심시간 전이었어요. 그런데 어찌된 일인지 당일 YTN에선 기사가 나가지 않았어요. 대신 SBS 8시뉴스에 비슷한 뉴스가 나갔지요.

결국 제 동기가 통일부에 추가 취재하지 않았고, 제가 써놓았던 기사는 '미승인 기사'에 그대로 묵혀져 있었던 거죠. 당시 북한의 화폐개혁은 경제정책에 큰 변화를 가져오는 대형 기사였어요. 후속 기사가 두 달 가까이 연일 이어질 만큼 파급력 있는 기사였죠. 그러니 제가 얼마나 아까웠겠어요. 큰 특종은 그렇게 물거품이 됐답니다. 저는 지금도 그 동기가 얄밉네요. 아무튼 특종은 근처까지 왔다가 방심하면 날아가기도 해요.

편 취재 현장 외에 보도국은 어떤 모습인지 궁금해요.

윤 보도국엔 밤이 없어요. 사건이란 게 일과 시간에만 터지
는 게 아니잖아요. 그리고 방송은 아침부터 뉴스를 해야 하고
보도 채널은 24시간 뉴스를 하기 때문에 사실 기자들은 밤낮
이 따로 없어요.

국회에서 밤늦게까지 중요한 법안이나 예산안 심사가 벌
어져 결과가 새벽에 나온다거나 우리와 시차가 나는 태평양
건너 워싱턴에서 한미정상회담이 개최되고 공동기자회견이
열리면 한밤중이나 새벽에 방송해야 하는 경우도 있거든요.
그렇기 때문에 언론사 기자들은 불행하게도 일반 직장인처럼
정시 출퇴근, 주 5일 근무제를 만끽할 수 없어요.

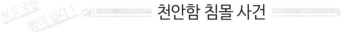

천안함 침몰 사건

2010년 3월 26일 발생했던 대한민국 해군 초계함 천안함 침몰, 이것도 일과 시간이 끝난 후에 일어났어요. 정확한 시간은 밤 9시 22분. 46명의 용사가 순직했던 천안함 침몰의 첫보도는 YTN에 의해 이뤄졌습니다. 그날 밤 YTN 보도국에서 야근했던 저는 생생히 기억하고 있어요. 당시 저는 국제부 야근 조장으로 근무하면서 뉴스를 모니터하던 중이었어요. 보통 야근하면 다른 방송사들은 어떤 뉴스를 하는지, 우리가 소위 물먹은 기사(타사에는 나갔는데 우리는 못 챙긴 중요한 기사)는 없는지 체크하기 위해서 모니터를 해야 하거든요. 그래서 국제부 야근 근무자는 지상파 3사, 즉 SBS 8시 뉴스에 이어 KBS 9시 뉴스, MBC 뉴스데스크(지금은 8시지만 당시에는 9시 뉴스였다)와 CNN을 모니터하는데, 갑자기 큼지막한 글씨로 '해군 초계함 침몰 중'이라는 속보 자막이 나가는 거예요. 순간 물먹은 기사인 줄 알고 눈이 휘둥그레진 저는 주위에 있던 기자들을 향해 소리쳤어요. "어, 저게 뭐야?" 그랬더니 그게 타사 뉴스가 아닌 제가 일하던 YTN 뉴스에 나가고 있었어요.

천안함 관련 YTN 초기 보도.

    그래서 사회부 쪽을 쳐다보니 같이 야근하던 사회부 야근
조장 김문경 기자(YTN 입사 동기, 천안함 특종으로 2010년
한국기자협회 대상 등 특종상을 휩쓸었다)가 전화기를 붙들
고 방송을 하고 있는 거예요. 나중에 본인한테 들은 이야기지
만 해군 내부의 한 관계자로부터 제보를 받고 바로 속보 자막
과 전화 연결로 천안함이 침몰 중인 상황을 뉴스로 내보냈다
고 하더라고요. 그 제보자는 이전에도 매우 중요한 건을 제보
해줬는데 크로스체크(이중으로 확인)할 수 없어서 기사를 쓰
지 않았다가 나중에 사실로 드러났던 경험이 2번이나 있었다
고 해요. 그래서 "이 제보자는 신뢰할 만한 사람이다"라고 판

단해 천안함 제보 당시에는 크로스체크 없이 바로 '천안함 침몰 중' 기사를 내보냈다고 하더군요. 아무튼 저는 그래서 곧바로 사회부로 뛰어갔어요. 다른 후배 기자 2명은 다른 작은 기사들을 취재하고 있길래 "지금 그런 거 취재할 때가 아니다. 천안함 침몰 기사 취재에 집중하자"고 외마디를 질렀어요. 그 이후 밤사이 해당 뉴스는 빅뉴스로 다뤄졌고 가라앉았던 천안함 선체 인양까지 수개월간 톱뉴스를 장식했죠.

강원 산불

두 번째 에피소드는 천안함 침몰로부터 9년이 지난 2019년 4월 4일 이야기예요. 제가 CJ헬로 보도국장으로 있으면서 생긴 일이죠. 그날 오후 강원도 인제에서 먼저 산불이 났어요. 불이 난 건 오후 2시 50분이었고, 20분 후인 3시 10분에 CJ헬로 강원, 영서, 영동 방송에 '강원도 인제군 남면 산불 발생'이라는 속보자막을 내보냈어요. 당시 건조경보가 며칠째 이어졌던 터였고 동해안 지역에는 강풍 경보까지 발령된 상황이었기 때문에 예사롭지 않았어요. 그래서 오후 4시 50분부

2019년 4월 4일 CJ헬로 강원 산불 특보.

터 특보를 시작했어요. 기자들을 현장에 내보내 인제 산불 특보를 몇 차례 방송했는데, 이번에는 영동지역인 강원도 고성에서 저녁 7시 30분쯤 산불이 났다는 보고가 왔어요. 전신주 변압기가 폭발해 불꽃이 튀면서 산불로 번졌다는 보고였어요 (나중에 변압기 폭발이 아니라 스파크로 드러났다). 그래서 이거야말로 심상치 않다고 판단해 곧바로 고성 쪽에 추가로 취재진을 투입해 특보를 했어요. 현장에서 보내오는 보고와 화면을 보니 매우 심각한 상황이란 걸 직감했어요. 불씨 정도가 아니라 아예 불기둥이 날아다니며 무서운 기세로 산을 불태우고 있었고, 속초 시내로까지 번질 위험이 무척 큰 상황이었거든요.

그래서 전국의 기자들과 카메라 기자, PD, 온라인 콘텐츠팀, 다큐 제작팀까지 총동원해 현장에 급파하고 밤새도록 특보를 이어갔어요. 주민들 신속히 대피하라고 하고 다음 날 불이 어느 정도 꺼지고 난 이후 잿더미가 돼버린 현장과 몸만 빠져나온 피해 주민들의 대피소 상황을 전국에 생생하게 알렸죠. 저는 산불 발생 당일 밤 국가재난급 강원 산불로 규정하고 자막에 반영했어요. 그랬더니 정부가 그다음 날 국가재난을 선포했지요. 그 전날 경남 창원과 고성의 재선거 개표방

'강원산불 재난방송' CJ헬로가 KBS 이겼다

입력 2019.04.10 17:32 | 수정 2019.04.11 02:12 | 지면 A18

뉴스카페

CJ 영동방송, 20분 만에 속보
KBS보다 뉴스특보 6시간 빨라

강원도 산불이 번지기 시작했던 지난 4일 오후 4시52분. 케이블TV 업체인 CJ헬로의 지역채널 '영동방송' 시청률이 평소의 4배 가까이 치솟았다. 이 채널은 당시 지역 주민들이 산불 관련 뉴스특보를 볼 수 있는 유일한 방송채널이었다.

CJ헬로 영동방송은 산불이 발생하고 20분이 지난 오후 3시10분 첫 자막 속보를 냈다. 4시52분엔 뉴스특보(사진)를 시작했다. 재난방송 의무가 있는 주관 방송사 KBS의 뉴스특보 시작 시간인 밤 10시53분보다 6시간 빨랐다.

KBS는 8분간 뉴스특보를 진행하다 정규 편성된 '오늘밤 김제동'을 방송했다. 이 프로그램이 끝난 밤 11시25분에 다시 뉴스특보를 이어갔다. MBC와 SBS도 밤 11시가 넘어 뉴스특보를 내보냈다. 종합편성채널과 보도전문채널은 5일 밤 12시가 지나서야 뉴스특보를 내보냈다.

2019. 04. 10 한국경제신문.

송으로 새벽 2시에 퇴근했던 저는 그날 밤을 새우고 토요일까지 산불 특보를 지휘했어요. 이후 'CJ헬로가 KBS 이겼다'라는 한국경제신문 기사 제목이 말해주듯 재난 주관 방송사인 KBS

는 당일 늦장 대응으로 비판받았던 반면, CJ헬로 지역채널은 46시간 연속 재난방송으로 큰 주목을 받았어요.

저뿐 아니라 시뻘건 불기둥의 공포와 매캐한 연기를 마셔 가며 현장에서 뛰어준 현장 취재팀 후배 기자들, 그리고 부조정실과 스튜디오에서 애써준 모든 지역채널 구성원들이 힘은 들었지만 매우 큰 보람을 느꼈던 방송으로 기억해요.

기자의 세계_ *02*

기자의 꿈 특파원

특파원에 대해 소개해주세요

특파원은 어떻게 선발되나요

특파원은 모두 현지 언어 능통자인가요

특파원 체재 비용이 따로 있나요

현지 취재는 어떤 방식으로 하나요

특파원 가족들의 현지 생활 만족도는 어떤가요

편 특파원에 대해 소개해주세요.

윤 특파원이란 해외에서 살면서 그 나라 또는 그 지역에서 발생하는 뉴스를 전하는 기자를 말해요. 국내 언론사의 경우 대개 한국과 중요한 관계인 나라에 특파원을 두고 있어요. 특파원을 가장 많이 보낸 언론사는 연합뉴스예요. 국기기간 통신사이고 언론사에 기사를 제공하는 역할을 하기 때문에 생산하는 기사의 양이 워낙 많거든요. 그래서 국내뿐 아니라 지구촌 곳곳에서 발생하는 뉴스를 현지에서 취재해 보도하는 특파원이 가장 많아요. 전체 590명 기자 가운데 전 세계 33개 도시에 60명의 특파원과 통신원을 보유하고 있죠. 그 밖에 주요 방송사와 신문사는 대체로 워싱턴, 뉴욕, 베이징, 도쿄 정도에 특파원을 두고 있어요. 그 외에 LA, 런던, 파리, 방콕, 뭄바이 정도에 두는 언론사도 있어요. 어쨌든 기자가 특파원 자격으로 해외에서 살면서 취재 활동을 하는 것은 큰 영광이죠.

편 특파원의 매력과 장점은 무엇인가요?

윤 매력 중 하나는 외국 생활 그 자체죠. 해외에서 사는 기회를 얻는다는 것 자체가 매력 아닐까요? 현지인들과 만나면서 새로운 문화를 접하며 살아보는 것도 인생에 있어 좋은 경험이라고 생각해요. 우리와는 다른 음식문화, 주택문화, 놀이문화, 가족문화, 전통문화 등 새로운 환경에서 모르던 것을 배워나간다는 즐거움이 커요. 그런 경험이 인생에서 좋은 자양분으로 작용하기도 하죠. 또 사람들과 만나 이야기할 때 얘깃거리도 많아지고요. 한국과 달리 미국은 어떻다든지, 내가 도쿄에 있을 때 어땠다든지….

두 번째 매력은 자녀 교육에 도움이 된다는 점을 들 수 있을 것 같아요. 다 그런 건 아니지만 일반적으로 특파원은 가족과 함께 부임하는 경우가 많아요. 그래서 어린 자녀가 있다면 외국의 교육 서비스를 경험할 수 있는 것도 기회라고 생각해요. 미국이나 영국처럼 영어권이라면 일반 공립학교에 보내서 영어는 기본으로 익힐 뿐 아니라 주입식 교육이 아닌 토론식 교육, 스스로 사고하는 힘을 기르는 교육을 받아볼 수 있겠죠. 영어권이 아니라면 자녀를 국제학교에 보내는데, 교육비가 워낙 비싸서 부담이 커요. 평균 연간 학비가 3천만 원정도 드니까 부모 입장에서 보내기 쉽지 않죠. 언론사에 따라자녀 국제학교 비용을 지원해주는 경우가 있어서 그 혜택을

도쿄 아사쿠사 가미나리몬.

야스쿠니 신사.

오사카성.

도쿄 긴자.

도쿄 특파원 당시.

받을 경우 부담을 큰 폭으로 줄일 수 있어요.

세 번째 매력은 국내에 있을 때보다 좀 더 자유롭게 취재가 가능하다는 점을 꼽고 싶어요. 아무래도 본사와 떨어져 있다 보니 전화로만 연락하고 본사에서는 현지 상황을 잘 알 수 없으니까 취재 아이템 선정이나 취재 방식 측면에서 한결 자유로울 수 있어요.

편 단점도 있나요?

윤 시차 때문에 괴로운 경우가 있어요. 한국 시간에 맞춰서 기사를 마감해야 하니까요. 워싱턴의 경우 밤낮이 뒤바뀐 생활을 해야 해요. 이밖에 한 두 명이서 해당 국가나 지역을 전부 커버해야 하는 점도 단점으로 작용하기도 하죠.

편 특파원은 어떻게 선발되나요?

윤 회사의 규정에 따른 절차가 있어요. 사주나 언론사 대표가 특정 기자를 찍어서 보내는 경우도 있겠지만 공정한 회사라면 지원을 받아 심사한 후 선발하는 게 일반적이에요. 저의 경우에는 사실 저밖에 지원한 사람이 없어서 경쟁자 없이 뽑힌 행운을 누렸지만요.

편 자격 조건이 있나요?

윤 일단 일정 기간 기자 경험이 있어야 하고요. 기자로서 특종과 단독기사 작성 등 성과가 있는지, 기자로서 품위를 떨어뜨리는 행동을 한 적은 없는지, 그리고 현지 언어가 어느 정도 가능한지를 따져보는 과정을 거쳐요.

저는 당시 '입사 후 10년 이상 경과한 자'라는 1차 조건을 딱 충족했어요. 제가 1994년 9월 입사했는데 2005년 2월 부임 예정이었으므로 몇 달 초과한 경력으로 1차 조건을 맞췄던 거죠. 그리고 해당 언어 테스트는 당시 한국외대 교수와의 일본어 인터뷰를 거쳐 무사히 통과했어요. 마지막 조건인 기자로서의 역량은 여러모로 볼 때 매우 훌륭하지는 않았으나 딱히 흠 잡힐 일은 없었으므로 이 역시 무사통과였죠. 경쟁이 치열할 경우에는 커리어도 따져볼 수 있을 것 같아요. 주요 부서와 출입처를 경험한 적이 있는지도 암묵적인 조건 중에 하나로 꼽히거든요.

이런 과정을 거쳐 특파원으로 선발되면 준비과정을 거쳐 정식 부임하게 됩니다. 준비과정은 길게는 6개월, 짧게는 1~2개월 주는데 저는 운 좋게 6개월의 준비 기간을 가질 수 있었어요. 정치부에서 도쿄 특파원으로 내정된 후 국제부로 옮겨 도쿄에서 살 집도 알아보고, 아이가 다닐 학교도 알아보고, 당시 아내가 둘째 아이를 임신한 상태였기 때문에 출산할 병원도 알아보고, 준비할 게 한두 가지가 아니었거든요.

편 특파원은 모두 현지 언어 능통자인가요?

윤 그게 정상이지만 꼭 그렇지는 않아요. 워싱턴 특파원이 영어가 완벽하냐 하면 그렇지 않은 경우가 더 많아요. 도쿄 특파원이 모두 일본 사람들과 아무 문제없이 대화할 수 있느냐 하면 그렇지도 않고요. 제가 도쿄 특파원이었을 때 모 신문사 도쿄 특파원은 기본 회화조차 할 줄 몰라서 음식점에서 주문도 제대로 못해 보디랭귀지로 의사소통을 하는 경우도 봤어요. 예전에는 현지 언어를 못하는 특파원을 위해 한국 대사관 직원들이 통번역 서비스를 제공해주는 일도 있었다고 해요.

저의 경우는 대학에서 일본어를 전공한 데다 평소 일본 사람들과의 교류를 통해 언어를 익혔기 때문에 일본에 부임하자마자 큰 문제 없이 의사소통하고 취재 활동이 가능했어요. 그리고 3년 동안 일본 사회에 녹아들어 일본 친구들과 어울려 지내고, 특히 현지에서 채용한 일본인 카메라맨(사이토 신지로: 2006년부터 2019년 현재까지 도쿄지국 근무)과 매일 같은 사무실에서, 또 취재 현장을 함께 다니며 일본어로 소통했기 때문에 실력이 점점 더 늘었죠.

적지 않은 한국 언론사 특파원들이 일본 사회에 녹아들지 못하고 한국인들과 어울려 지내는 경우가 많아 일본어 실력을 향상하지 못한 채 귀국하곤 하는데 아주 안타까워요. 저는 일본어를 어느 정도 할 줄 알았지만, SBS 특파원을 10년째 가르쳤던 중년 일본인 여성 선생님으로부터 전화 교습을 받기도 했어요. 굳이 사무실에서 만날 필요 없이 전화로 함께 수

YTN 도쿄지국 카메라맨 사이토 신지로와 함께.

필을 읽으며 일본어뿐 아니라 일본 문화에 대해 많은 이야기를 나눴죠. 사실 올해(2019년)에도 5개월 간 전화 일본어 교습을 받았어요. 배움엔 끝이 없으니까요.

편 특파원 체재 비용이 따로 있나요?

윤 네. 월급 외에 별도로 받아요. 대부분의 부임지가 한국보다 물가가 비싸고, 월세가 대부분인데 그것 또한 비싸기 때문에 개인이 부담하는 것은 사실상 불가능하거든요. 또 현지에서 취재 활동에 드는 비용, 그러니까 교통비에서부터 소모품 구매, 취재원과 식사할 때 드는 비용 등을 회사가 대주는 거죠. 체재비라고 하는데 회사마다 다르지만, YTN의 경우 적지 않은 금액이었어요. 매달 계좌로 회사에서 보내주는 돈을 취재 활동비와 가족 체재비로 쓰는데 모자라지 않았거든요('영업 비밀'이라 밝힐 수 없음을 양해 바랍니다).

앞서 언급한 대로 자녀 학자금도 지원하는 경우가 있으니 실제 받는 돈은 더 많죠. 불행히도 저의 경우는 국제학교 비용을 지원받지 못했어요. 그걸 기대하고 '아오바인터내셔널스쿨' 근처에 집을 구했는데 정작 회사에서 한 푼도 지원해주지 않는 바람에 일본 공립초등학교인 '오기쿠보소학교'에 아이를 보냈죠. 저는 혜택을 못 받았지만 제 후임자부터는 지원을 받을 수 있도록 제가 당시 사장님에게 부탁드려서 해결해줬어요.

편 현지 취재는 어떤 방식으로 하나요?

윤 저는 도쿄 특파원을 했으니까 도쿄 이야기를 할게요. 도쿄의 경우는 많은 언론사가 제휴사를 갖고 있어요. KBS는 NHK, MBC는 후지TV, SBS는 니혼TV, YTN은 TBS와 제휴 관계를 맺고 있죠. 그래서 YTN 도쿄지국은 TBS 본사에, TBS 서울지국은 YTN 본사에 사무실을 두고 상호 제휴사 간에 긴밀한 관계를 유지해요. 화면 제공을 무상으로 하거나 취재에 어려움을 겪을 경우 협조하죠. 해마다 양사 사장이 상대국을 방문해 관계를 돈독히 하는 등의 교류를 해요. 저 또한 3년간 도쿄 생활을 하면서 TBS 사람들에게 매우 큰 신세를 졌어요. 모두 회사 동료처럼 잘해줬어요. 특히 '시바타' 상이라는 분은 이 자리를 빌려 꼭 감사의 말을 전하고 싶어요.

시바타 상은 도쿄에서 2시간 가까이 걸리는 해안도시 '가마쿠라'에 살면서 신칸센으로 출퇴근했었는데, 제가 귀국할 때쯤 자기네 집으로 놀러 오라고 하더라고요. 하지만 저는 일본인 특유의 다테마에(建前:본심이 아닌 겉으로 듣기 좋으라고 하는 말)인줄 알았어요. 그래서 "알았다"고 하고 가지 않

도쿄 특파원 당시 아낌없이 도와줬던 TBS 시바타 상. 파리특파원과 방콕 특파원을 지낸 분으로 당시 뉴스네트 부장으로 있으면서 내게 큰 도움을 주었다. 거의 매주 점심 또는 저녁을 먹으며 한일관계, 일본 정치, 문화 등에 관해 솔직한 이야기를 나눴다.

앉어요. 이후 여러 차례 초대했는데도 안 가니까 화를 내더군요. 그래서 가족들과 함께 차를 몰고 갔어요. 부인과 대학생 딸이 반갑게 맞아주었어요. 시바타 상 자택에서 함께 식사하고, 인근 관광 명소인 대불(大佛) 등지를 안내해줘 즐거운 시간을 가졌답니다. 시바타 상과는 지난해에도 도쿄에 출장 갔다가 만나서 인사드렸을 정도로 오랜 인연을 유지하고 있어요. 그 밖에도 TBS 서울지국장을 지낸 이타니 상, 니혼게이

자이신문 야마쿠치 상, 도쿄 신문사 사가세 상을 비롯해 수많은 일본 언론인과의 교류를 통해 많이 배웠어요.

편 현지인들과의 특별한 교류 비결이 있을까요?

윤 음... 글쎄요. 비결이라기보다 마음을 터놓고 이야기하는 게 무엇보다 중요한 것 같아요. 일본 사람들은 직설적 화법에 익숙지 않기 때문에 오히려 한국 사람처럼 하고 싶은 말을 직설적으로 하는 걸 좋아하는 사람이 의외로 많아요. 일본 사람한테서는 찾아볼 수 없는 일종의 매력으로 느끼는 것이 아닐까 하는 게 제 생각이에요. 한일관계에 있어서 불편하더라도 제 생각을 분명히 말하면 존중해주는 사람들이 많았어요. 예민한 문제라서 불편하다는 이유로 하고 싶은 말을 하지 않으면 대화가 진전되지 않아요. 실제 TV아사히 기자와 남경 대학살 이야기를 하다가 말다툼을 하기도 했어요. 그 친구도 자기 생각을 양보하지 않더라고요.

언어도 매우 중요해요. 일본어로 막힘없이 하고 싶은 말을 할 줄 알고, 상대방 이야기를 이해할 수 있을 정도의 언어 능력은 갖춰야 대화가 통하죠. 상대방이 어떤 이야기를 하는데 알아듣지 못해서 묻고 또 묻거나 엉뚱한 답변을 하면 이야

2018년 도쿄 출장 때 만난 일본 친구들. 왼쪽부터 노자키 후지TV 기자, 마쓰우라 외무성 외교관, 윤경민 저자, 황보연 현 YTN 도쿄 특파원, 이타니 TBS 기자.

기가 진척되지 않겠죠. 한국어가 아주 서툰 외국인과 한국어로 대화한다고 가정해보면 이해가 갈 거예요.

그리고 모임에 적극적으로 나가는 걸 추천해요. 일본에는 뱅쿄카이(勉強会:공부 모임)가 많은데, 저는 '일한 미래를 여는 모임'이라는 조직의 운영위원을 맡기도 했어요. 운영위원이 4명이었는데, 제가 유일하게 한국인이었죠. 이 모임은 일본의 유력 정치인이나 대학교수, 시민사회단체 지도자 등을 게스트로 초청해 강의를 듣고 질의응답을 통해 특정 주제에 대해 토의하는 모임이었어요.

나중에 일본 외상과 민주당 대표까지 했던 오카다 가쓰야 당시 민주당 의원, 방위상을 지낸 이시바 시게루 당시 자민당 의원을 비롯해 민단 중앙본부 청년회장 조수용 등 저명 인사들과 교류하며 인적 네트워크를 넓혀 나갔어요. 이런 모임에서 만난 사람들이 알게 모르게 도와주는 인적 재산이 되었던 거죠. 당시 만났던 오카다 의원은 외상 때 한일 외교장관 회담차 한국에 왔었어요. 당시 외교통상부 브리핑 룸에서 있었던 공동 기자회견 때 제가 "오랜만입니다"라며 아는 체하고 질문을 했던 기억도 나네요. 또 김종수 민단 중앙본부 청년회 부회장(나중에 회장 역임)은 지금도 서울에서 가끔 만나요. 그가 나중에 한국으로 유학 왔다가 사업을 시작했거든요.

📑 특파원 가족들의 현지 생활 만족도는 어떤가요?

🧑 특파원마다 달라요. 저의 경우는 아내가 둘째 아이를 임신한 상태에서 부임해 출산과 육아로 3년을 보냈어요. 제 아내는 일본어도 할 줄 모르는 상태에서 와서 일본어 학교에 조금 다니거나 선생님을 집으로 오도록 해 교습을 받기도 했지만, 마트에서 쇼핑할 정도의 생활 일본어만 가능한 상태에서 귀국했죠. 그래서 본인은 사실 즐겁지 않았다고 말해요. 하지만 다른 특파원 배우자의 경우는 아이가 없거나, 있더라도 학교 다니는 아이여서 손이 많이 가지 않는 경우엔 일본 생활에 만족해했다는 이야기를 많이 들었어요. 특히 도쿄는 여성들이 지내기에 편리하고 재미있는 곳이라는 평가가 많거든요. 치안도 잘 돼 있고, 맛집도 많고, 쇼핑할 곳과 상품도 많으니까요.

　큰아이는 당시 일본 공립초등학교에 입학해서 3학년까지 다니고 귀국했어요. 부임 전 2개월 '구몬학습 일본어'라는 교재로 히라가나 정도 알고 갔는데 일본 학교에 가려니 얼마나 겁이 났겠어요? 그런데도 금세 적응하더라고요. 일본은 학교에 외국인이 입학하거나 전학 오면 일본어를 가르쳐주는 자원봉사자를 배정해줘요. 아이가 학교생활에 빠르게 적응할 수 있도록 학교에서 쓰이는 일본어를 가르쳐주는 거죠. 대개 은퇴한 노인들이 자원봉사를 하는데, 제 아이도 이런 자원봉사자에게 일본어를 배웠어요.

1학기가 끝나고 여름방학이 돼 아내가 아이들을 데리고 한 달 동안 한국에 다녀왔어요. 2학기 때 또 그 일본어 교육을 신청했더니 담임교사의 반응은 부정적이었어요. "이 아이는 더 필요 없어요"라고 하는 거예요. 그만큼 일본어에 문제가 없다는 거였어요. 저는 깜짝 놀랐죠. 불과 넉 달 만에 어떻게 선생님이 하는 말을 다 알아듣고 자기가 하고 싶은 이야기를 할 수 있을까? 신기할 정도였어요.

2학년 때부터는 집으로 친구들을 데리고 오기 시작했어요. 옆에서 가만히 지켜보면 일본 아이들보다 일본말을 더 잘하는 거예요. 실제로 일본어 글쓰기로 상을 타기도 했어요. 글씨를 참 예쁘게 잘 썼거든요.

귀국해서 5학년 때는 한자검정 2급을 딸 정도로 한자 실력이 뛰어났어요. 일본어는 한자가 기본이니까 다른 아이들에 비해 쉽게 한자를 익히긴 했겠지만 2급이 사실 엄청 높은 수준인데 합격했다니 대단하지 않나요? 그런데 이후로 일본

어를 쓸 일이 없어 사용하지 않고 한자 또한 쓰지 않다 보니
거의 다 잊어버려 너무 아까워요.

[기자의 세계_ *03*

화려한 뉴스 앵커?]

기자에서 앵커가 될 수도 있나요

앵커에 대해 소개해주세요

앵커가 되는 방법을 알려주세요

좋은 앵커가 되기 위한 역량에는 어떤 것이 있나요

JOURNALIST
세상을 바꾸고 싶다면
기자
CHANGE THE WORLD

⚐ 기자에시 앵키가 될 수도 있나요?

⚐ 네. 방송기자에게는 앵커의 기회도 있어요.

⚐ 앵커는 어떤 일을 하나요?

⚐ 앵커는 스포트라이트를 받으며 카메라 앞에서 시청자들과 소통하는 일을 해요.

YTN 주말뉴스 앵커 당시.

편 앵커에 대해 소개해주세요.

윤 앵커란 원래 닻을 말해요. 큰 배가 정박할 때 물에 이리 저리 흘러 다니지 않도록 중심을 잡아주는 닻 말이죠. 뉴스 앵커도 흔들리지 말고 중심을 잡고 공정하게 균형감 있게 뉴스를 전달해야 한다는 의미에서 붙여진 말이에요.

지상파 방송 메인뉴스 남자 앵커는 대부분 기자가 맡아요. YTN 앵커도 절반 이상이 기자고요. 아나운서들은 전달력은 좋은데 취재 경험이 없는 점이 약점으로 꼽히거든요. 앵커가 겉으로 보기엔 매우 화려하지만, 꼭 그렇지도 않아요. 뉴스 시작 1분 전까지 기사들을 꼼꼼히 살펴봐야 하고, 어떻게 더 잘 전달할까 고민해야 해요. 스튜디오까지 뛰어다니는 일도 허다하고요. 갑자기 긴급뉴스가 들어오면 백지상태에서 방송을 끌어가야 해요. 소위 애드리브로 방송해야 하는 경우가 다반사에요. 초긴장 상태에 빠지는 경우가 많아요. 그러다가 사고를 일으키기도 하죠. 저 역시 대형 방송사고를 낸 장본인이기도 해요. 말실수 때문에 네이버 실시간 검색 1위까지 오르고, 수천만 중국인들의 비난 댓글에 시달리기도 했어요.

방송사고요? 어떤 일이 있었나요?

윤 2013년 7월 아시아나항공 여객기가 샌프란시스코에서 착륙하다 사고가 났어요. 그날이 일요일이었는데, 아침에 회사 야근자에게 전화가 왔어요. 사고 때문에 특보를 해야 하는데 당시 채널A 국제부장이었던 제가 앵커를 해야 한다는 거예요. 부랴부랴 택시를 잡아타고 스튜디오로 직행했고 특보 진행을 맡았죠.

두 번째 특보였을 때였어요. 도중에 사망자가 2명 발생한 것으로 확인됐다는 속보가 들어왔어요. 저는 사고 여객기가 인천발 샌프란시스코 행이었기 때문에 당연히 승객 대부분이 한국인인 것으로 생각했어요. 얼마 안 있어서 '사망자는 중국인'이라는 추가 속보가 들어왔어요. 그래서 저는 저도 모르게 그만 "사망자는 중국인이라는 소식이 들어왔습니다. 뭐 우리 입장에서는 다행이라고도 할 수 있겠죠"라고 말했는데 이게 화근이었어요.

일부 인터넷 매체가 제가 "중국인이 죽어서 천만다행"이라고 말했다고 보도했고, 이를 검증 없이 많은 매체가 받아쓰면서 중국인들을 자극했던 거죠. 저는 당시 변명조차 하지 않았어요. 어차피 처음 한 말도 잘한 말은 아니었거든요. 나중

<채널A> 뉴스특보 화면.

에 만난 YTN 선배 앵커는 YTN도 당시 저와 비슷한 표현을
했는데, 저만 타깃이 돼서 사냥감처럼 비난받았다며 안타까
웠다고 하더군요.

　당시 종편인 채널A는 보수 정권의 허가로 탄생했기 때문
에 진영 논리에 의한 의도적 공격이었다는 해석이 있었어요.
어쨌든 그렇게 저는 호된 비판과 비난을 받고서야 방송에서
의 말 한마디가 얼마나 중요한가를 깨달았어요. 당시 19년 차
기자였는데, 방송에서 신중하지 못한 말이 얼마나 무서운지
비로소 느꼈던 거죠.

　그때 저를 비난하는 인터넷 댓글을 차마 볼 수 없을 정도

로 정신적 고통에 시달렸어요. 그 후 몇 달 동안 대인기피증도 겪었고, 목이 바짝 타들어 가는 중증 스트레스에 시달리다 신경정신과까지 찾아가 신경안정제를 처방받기도 했어요. 그 트라우마에서 벗어나는데 1년 넘는 시간이 필요했어요. 이후로는 침묵으로 인한 방송사고보다 신중하지 못한 멘트로 인한 사고가 더 심각하다는 점을 인식하고 말조심하려고 애쓰고 있어요.

[편] 앵커가 되는 방법을 알려주세요.

[윤] 뉴스 앵커는 기자, 또는 전문 아나운서가 맡아요. 아나운서는 방송사에서 공채로 뽑아서 일정 기간 훈련을 시킨 후에 투입하죠. 아나운서가 갖춰야 하는 기본은 언어에요. 사투리를 쓰면 안 되죠. 표준어를 구사해야 해요. 이 부분에서는 KBS 아나운서가 교육을 가장 잘 받는 것으로 평가받고 있어요.

[편] 어떤 교육을 받나요?

[윤] 아나운서는 표준어뿐 아니라 바른 말 고운 말, 정확한 우리말을 해야 해요. 길게 짧게 발음하는 장단음까지 구별할 줄 알아야 하죠. 그래서 먹는 배와 타는 배, 사람의 배 이 세 가지 단어를 구별하는 발음법을 기본으로 배워요. 된소리와 센소리, 예를 들어 효과는 [효꽈]가 아닌 [효과]로 발음해야 한다거나 관건도 [관껀]이 아닌 [관건]으로 발음해야 한다거나…. 사실 많은 사람이 효과보다는 효꽈로 말하다 보니 '효꽈'도 인정하게 됐지만요. 이렇게 정확하고 올바르게 발음하는 방법과 어법에 맞게 말하는 방식 등을 배우는 과정을 거쳐

뉴스 앵커로 투입되게 돼요.

기자도 발음 교육을 받나요?

사실 기자가 앵커를 맡을 때 이런 특별한 교육과정을 거치는 경우는 거의 없어요. 다만 기자들은 일선 현장에서의 취재 경험이 풍부한 사람이 앵커를 맡는 경우가 많아서 기사의 맥락을 충분히 이해해 시청자들에게 쉽고 간결하게, 그리고 효과적으로 전달할 수 있는 역량이 필요해요. 따라서 각 방송사에서 앵커를 선발할 때는 이런 역량을 갖추고 있는 사람을 선발하죠. 물론 기자를 앵커로 등용할 때도 사투리를 구사하거나 발음이 부정확한 사람은 우선 제외해요. 이게 사실 방송계에서는 불문율처럼 지켜져 오던 것인데, 일부 종합편성 채널에서는 이를 무시한 채 표준어를 구사하지 않는 이들을 앵커로 등용하는 경우도 있었어요. 모회사인 신문 기자들을 활용하다 보니 생긴 현상이죠. 결코 바람직하지 못한 일이죠. 그만큼 종편 채널이 방송이 지켜야 하는 것들을 무너트리는 과오를 저지를 만큼 신문 기자들을 등용하려 애쓰는 무리수를 많이 뒀어요.

채널A 재직 당시 앵커로서 뉴스와 시사토크 프로그램 진행하는 모습.

CJ헬로의 '명사토크' 프로그램을 진행하는 모습.

편 그렇다면 표준어 구사와 좋은 목소리가 앵커 선발 기준인 가요?

윤 그건 아니에요. 외모도 알게 모르게 중요한 기준으로 작용해요. 잘 생겼냐, 예쁘냐가 아니라 신뢰감을 주는 외모냐 아니냐가 중요한 기준이에요. 아무래도 뉴스를 전달하는 역할이다 보니 진행자의 외모가 신뢰감을 주느냐 안 주느냐가 중요한 요인이 된 거죠. 영화배우처럼 핸섬하거나 미스코리아 뺨칠 만큼의 아름다운 외모를 가졌을 경우 뉴스에 집중하기보다는 인물에 집중하는 부작용도 있어 오히려 불리해요 (실제 요즘은 날씨를 전하는 기상캐스터들이 워낙 미인이어서 날씨 코너를 보고 나면 날씨는 기억나지 않고 캐스터 인물만 기억난다고 이야기하는 사람들도 있어요). 물론 혐오감을 주는 인상의 소유자도 앵커로 적합하지는 않겠죠. 시청자들이 부담을 느끼지 않을 정도의 호감과 신뢰감을 가질 만한 외모를 가졌다면 결격 사유는 없어요.

편 좋은 앵커가 되기 위한 역량에는 어떤 것이 있나요?

윤 제가 가장 중요하다고 생각하는 앵커의 역량은 '진행능력'이에요. 지상파 방송사의 저녁 메인뉴스처럼 미리 정해진 리포트를 소개하는 멘트 정도만 하는 거라면 진행 능력은 크게 중요하지 않을 수도 있어요. 사실 요즘은 기자 출연이라는 코너를 통해 앵커와 기자가 질문과 답변을 주고받는 코너가 활성화돼있지만 4~5년 전만 해도 거의 없었거든요. 또 앵커 브리핑 형태의 코너는 대개 사전 녹화물인데 대형 모니터 앞에서 몇 발짝 걸어가면서 이야기하거나 시선을 바꿔 다른 카메라를 쳐다보며 얘기하는 형식이 있어요. 아주 간단한 것 같지만 이 역시 시청자들에게 자연스럽게 보여줘야 하는 것이기 때문에 훈련과 연습, 어느 정도는 기본 자질이 필요하죠. 하지만 갑자기 발생한 특보를 진행하는 것은 차원이 달라요.

부산 센트럴시티 고층 빌딩에서 큰불이 났다거나, 고양 저유소 유류저장창고가 폭발해 불이 났다거나, 대구 주상복합아파트에 불이 났다거나, 강원 산불로 속초 시내까지 위협받고 있다거나 하는 것과 같은 특수한 상황을 실시간으로 전달해야 하는 긴급특보를 진행할 때는 그야말로 애드리브가 중요해요. 몇 가지 팩트만 가지고 특보를 잘 이어나가는 것은 진행하는 앵커의 역량이 크게 좌우하죠.

현장 인근에서 화재를 목격한 시청자를 연결해 인터뷰하면서 시청자들이 궁금할 만한 내용으로 매끄럽게 질문을 이어가야 해요. 화재가 언제 났는지, 연기는 얼마나 나고 있는지, 어느 방향으로 흘러가고 있는지, 현재 바람은 얼마나 부는지, 인명피해는 있는지, 인근 주민들이 대피하고 있는지, 화염이 치솟았는지, 터지는 소리가 들렸는지, 평소 불이 난 적이 있는지, 불이 난 곳이 주택인지, 공장인지, 현재 소방관들은 뭘 하고 있는지 등 끊임없이 중요한 정보를 끌어내야 해요.

편 그런 긴박한 상황에서는 인터뷰가 정말 어려울 것 같아요.

윤 그렇죠. 방송 인터뷰를 한 경험이 없는 일반 시민들은 질문에 짧게 답하는 경우가 많아요. '네, 아니오'로 답하지 않고 서술형으로 답할 수 있도록 질문하는 것이 요령이에요. 시민뿐 아니라 소방 관련 전문가를 전화로 연결할 때도 세부적인 질문들을 던져서 필요한 정보가 담긴 답변이 나오도록 해야 해요.

산불의 경우에는 산불의 원인에는 어떤 게 있는지, 현재 바람의 상태로 볼 때 불길이 얼마나 더 확산될 걸로 보는지, 민가로 접근하는 상황에서 주민들은 어떻게 대피해야 하는지, 진화는 어떻게 해야 하는지, 소방장비 문제점은 없는지 등 산불의 특성에 따라 그때그때 주민과 시청자 입장에서 도움이 될 만한 이야기들이 나오도록 지속해서 질문을 이어가야 해요. 동시에 위험 지역에 있는 주민들에게 신속하게 대피하도록 요청하는 안내 멘트도 이어가야 하고요.

화재뿐 아니라 건물 붕괴사고나 산사태, 폭우 또는 폭설, 지진에 따른 대형 재난도 마찬가지예요. 기자가 현장에 도착하기 전 먼저 몇 가지 취재된 팩트를 가지고 목격자나 전문가, 현장에 급파된 기자가 연결되기 전까지 지속해서 관련 사실을 반복하면서 전달해야 해요. 어떤 경우는 한 가지 팩트를 가지고 몇 시간을 이어나가야 하는 경우도 있어요.

편 한 가지 사실만으로 뉴스 진행이 가능한가요?

윤 그런 경험이 있어요. 2011년 12월 19일 낮 12시 북한의 조선중앙TV가 김정일 당시 국방위원장의 사망 사실을 발표했어요. 사실 실제 사망한 것은 이틀 전인 17일이었는데, 공

채널A 재직 당시 김정일 위원장 사망 특보.

식 발표를 이틀 후인 19일에 한 거죠. 당시 저는 채널A 국제
부장으로 있으면서 12시 10분에 시작하는 낮 뉴스 앵커를 맡
고 있었어요. 채널A는 당시 개국한 지 한 달도 안 되는 신생
방송사였는데 엄청난 뉴스가 터진 거예요. 팩트는 단 한 가지
였어요. '김정일 북한 국방위원장 사망' 이 한 가지 팩트를 가
지고 한 시간 이상 특보를 이어가야 했어요. 당시 그 뉴스는
엄청난 뉴스였거든요.

첫 스타트를 맡은 저로서는 긴장하지 않을 수 없었지만 한 시간 이상을 무리 없이 끌고 갈 수 있었어요. "김정일 북한 국방위원상이 사망했다는 소식이 들어왔습니다. 잠시 전인 오늘 낮 12시 정각 북한의 조선중앙TV는 중대 보도를 통해 김정일 위원장이 사망했다고 밝혔습니다. 이 소식을 전한 조선중앙TV의 여성 아나운서는 검은 한복차림으로 매우 엄중하고 무거운 목소리로 눈물을 글썽이며 김정일 위원장의 사망 소식을 전했습니다. 김정일 위원장은 2008년부터 건강 이상설에 휩싸여 한때 TV에서 모습을 보이지 않기도 했습니다. 한쪽 손의 움직임이 자유롭지 않은 장면도 포착돼 뇌졸중 후유증을 앓아온 것으로 추정돼왔습니다. 김정일 위원장의 사망으로 우리 군에는 비상 경계령이 걸릴 것으로 보입니다. 김정일 위원장의 아버지 김일성 주석이 사망했을 당시에도 우리 군 당국에 최고 수준의 비상이 내려진 적이 있습니다. 또 이명박 대통령이 주재하는 NSC, 국가안보위원회가 소집될 것으로 보입니다. 김정일 위원장의 사망에 따른 북한 권력 승계에도 관심이 모아집니다…" 이렇게 이야기를 계속 풀어나갔어요. 그렇게 한 십몇분이 지났을까, 기자 중에 대한민국 1호 북한학 박사인 신석호 동아일보 기자가 스튜디오로 들어

오면서 저는 안도했어요.

북한 취재만 15년을 했던 신석호 기자를 옆에 앉혀놓고 저는 질문을 쏟아내기 시작했어요. "김정일 위원장 사망으로 인해 북한 권력 체제에 어떤 변화가 예상됩니까? 김정은 체제가 안정적으로 구축될 것으로 보입니까? 남북관계에는 어떤 변화가 예상됩니까? 김일성 주석 사망 직후와 비교해서 설명해주세요" 제가 질문하면 신석호 기자가 학교에서 배운 지식과 오랜 취재를 통해 축적한 데이터들을 쏟아내며 답변을 이어갔어요. 질문을 던져놓고 대답이 이어지는 동안 저는 메모지에 북한 전문가들 명단과 연락처를 적어서 FD를 통해 PD에게 전달했어요. 그러면 그 전문가들이 즉시 전화로 연결돼 방송에 참여하게 되었죠. 어느덧 한 시간 이상이 훌쩍 지나갔고, 제 뒤를 이어 다른 앵커가 다음 특보를 받아서 진행했죠.

🔲 긴장해서 아무 생각도 안 날 것 같은데 대단하네요.

🔲 제가 이렇게 초동대응을 비교적 무리 없이 할 수 있었던 것은 그 전에 통일부와 외교부를 담당하는 기자 생활을 상당 기간 했었기 때문이었어요. 특히 김정일 건강 이상설이 불거졌던 2008년 9월 대북지원 민간단체와 함께 북한을 방문하

금강산 이산가족상봉 취재.　　　2008년 김정일 위원장 건강 이상설 당시 평양 취재.

기도 했어요. 평양과 백두산을 갔죠. 그보다 먼저 금강산에서 열린 남북 이산가족 상봉 행사만 3차례 취재하는 등 북한 관련 취재를 적잖게 했던 것이 특보 진행에 큰 도움이 되었어요. 아무튼 당시 신생 방송사였음에도 특보 초기에 우왕좌왕하지 않고 잘 대응했다는 것에 자부심을 갖고 있어요.

앵커의 자질에 대해 다시 한번 정리해주세요.
앵커는 뉴스를 잘 전달해야 하는 사람이에요.

첫째, 사투리 말고 표준어와 더불어 바른 말 고운 말을 쓸 줄 알아야 하고, 둘째, 외모는 혐오감을 줘선 안 되며, 편안하고 신뢰감을 줘야 하고, 셋째, 긴급한 생방송을 매끄럽게 진행할 수 있는 역량을 갖춰야 해요.

일반적으로 아나운서들은 앞서 언급한 첫째 사항은 교육과 훈련으로 갖춰나가고, 기자들은 취재 경험을 통해 셋째 사항을 체득하죠. 두 번째 사항은 딱히 정해진 게 아니고 사람마다 보는 눈이 달라서 객관성을 갖기 쉽지는 않은 것 같아요. 만일 여러분들이 뉴스 앵커가 되고 싶은 희망을 갖고 있다면 두 가지 중에 하나를 선택해야 할 것 같아요. 아나운서가 되든가, 기자가 되든가.

기자의 세계_ *04*

기자의 최고봉 보도국장

보도국장은 어떤 일을 하나요

보도국, 편집국 회의는 어떻게 진행되나요

보도국장의 특권과 혜택이 있나요

보도국장은 외부의 압력에도 시달린다면서요

보도국장은 어떻게 선임되나요

CJ헬로 보도국장의 일과는 어떻게 되나요

JOURNALIST
세상을 바꾸고 싶다면
기자
CHANGE THE WORLD

편 보도국장은 어떤 일을 하나요?

윤 보도국장은 기자들의 수장이에요. 군대로 치면 최고사령관이라고 할까요? 기자들을 총지휘하면서 뉴스 제작의 책임을 지는 역할을 하죠. 신문에서는 편집국장이라고 해요. 기자들이 소속된 부서들의 집합체를 신문사에서는 편집국이라고 하고 방송사에서는 보도국이라고 부르죠. 보도국장이 하는 가장 기본적인 일은 뉴스 아이템 선정이에요. 그날그날의 뉴스를 어떤 소재로 구성할 것인가, 어떤 기획 기사를 시청자들에게 선사할 것인가, 선택과 결정을 하는 일이 무엇보다 중요해요.

편 뉴스 아이템 선정은 보도국장 혼자 하나요?

윤 보통 각 부서장이 참석한 회의에서 선정해요. 하루 2~3회 매일 회의를 하죠. 방송사마다 차이가 약간씩 있는데 보통 아침 회의, 오후 회의, 저녁 회의, 이렇게 3번 하는 것이 기본이에요.

🔲 보도국, 편집국 회의는 어떻게 진행되나요?

🔲 아침 회의에서는 각 부서에서 발제(이런 아이템을 이렇게 보도하겠다고 제안하는 것)하는 기사를 나열하고 실제로 뉴스에 제작할 아이템을 결정해요. 정치부와 경제부, 사회부, 국제부, 문화부, 스포츠부 등 각 부서에서 밤사이 일어난 사건이나 사고, 당일 예정된 행사나 기사가 될 만한 것들, 또 기획 기사들에 대한 설명을 하죠. 그러면 보도국장이 그 아이템 중에서 중요하게 다룰 것과 굳이 기사화하지 않아도 될 것들을 선별해요. 그리고 힘줘서 보도할 아이템을 별도로 선정해 어떤 방식으로 제작할지에 대한 지시도 내려요. 대략의 큐시트(중요한 순서대로 나열하는 뉴스 구성도)가 아침 회의 때 결정이 되는 거죠. 하지만 이렇게 정해진 큐시트대로 뉴스가 방송되는 경우는 사실상 없어요. 왜냐하면 아침 회의 이후에 발생하는 뉴스들이 많고 뉴스라는 것이 살아 움직이기 때문에 가장 최신 뉴스를 전해야 하는 속성상 아침에 결정된 뉴스 큐시트는 자꾸 바뀌는 게 일반적이에요.

오후 2시쯤 열리는 회의에서는 각 부서장이 오전에 발생한 뉴스를 추가로 발제하고 뺄 뉴스는 빼는 작업이 이뤄져요. 빼는 것을 킬 한다고 표현하죠. 이 오후 뉴스에서 대략의 큐시트 뼈대가 완성되고 편집부가 바쁘게 움직이기 시작해요.

저녁 회의(대략 방송사별로 5시~6시에 개최) 때 마지막으로 오후에 발생한 뉴스를 추가하고, 그 대신 약한 기사를 빼는 작업이 이뤄져요. 여기서 확정된 큐시트에서 다소 변하기도 하지만 웬만하면 이 회의에서 확정된 큐시트로 메인뉴스가 방송되죠.

📰 회의 준비만으로도 하루가 다 가겠네요.

🙎 그렇다고 할 수 있죠. 보도국장은 이렇게 매일 2~3차례 열리는 회의를 주재하며, 각 부서장이 발제하는 뉴스 아이템 중에 뉴스로 내보낼 것과 킬할 것을 선별하고, 뉴스를 제작하는 방식에 대해서도 지시하고 대략적인 순서를 짜는데도 의견을 줘요. 매일 매일 발생하는 뉴스에 대한 가치판단을 보도국장이 내리는 것이죠.

편 예전에 〈피노키오〉라는 드라마를 본 적이 있는데 회의 분위기가 살벌하더라고요.

윤 회의 분위기가 썩 좋지는 않아요. 가끔은 험악한 분위기가 조성되기도 하죠. 타사에 물먹은(언론사에서는 다른 언론사가 보도한 내용을 몰라서 못 쓰는 일을 물먹는다고 표현한다) 기사가 많을 때, 특히 아주 큰 기사를 물먹었을 때는 보도국장의 성난 목소리가 쩌렁쩌렁 울리죠. 왜 물먹었는지 다그치는 거죠. 때로는 자사가 제작한 뉴스의 품질에 대해서 추궁하기도 해요. 기사의 품질이 낮은 것을 지적하며 꾸짖는 악역도 보도국장의 역할이거든요.

각 부서장은 기자들의 발제를 취합해서 발표하는데 회의 시작 전 부서 기자들로부터 받은 발제를 그대로 갖고 들어오는 건 아니에요. 기자들이 발제하지 않은 아이템을 지시하는 경우도 있고, 발제를 다른 방향으로 수정하라고 지시하기도 하죠. 아무래도 부장들은 일선 취재 경험이 풍부하기 때문에 자신의 오랜 경험상의 노하우와 여전히 관계를 맺고 있는 취재원들로부터 듣는 정보를 토대로 그런 지시를 할 수 있는 거예요.

편 방송사마다 회의 방식도 다르겠네요?

윤 회의 방식은 각 부서장이 먼저 발제를 하고 나면 보도국장이 발제에 대한 코멘트를 하며 지시하는 방식이 있고, 부서장들이 발제할 때마다 보도국장이 지시하는 방식이 있어요. 또 별도의 빔 프로젝트 없이 회의하는 게 대부분이지만 채널A의 경우에는 SBS 회의 시스템을 모델로, 빔 프로젝트 영상에 발제 내용을 띄워놓고 큐시트를 짜가면서 회의하는 시스템이었어요. CJ헬로는 '데스크 회의'라는 이름으로 전국에 있는 데스크들과 '컨퍼런스콜' 즉, 전화회의 또는 화상회의 시스템으로 회의를 해요. 원래 CJ헬로에는 없던 데스크 회의를 제가 만든 거예요. 이렇게 시스템을 갖춰서 뉴스 제작에 시스템적으로 이뤄지도록 기틀을 다졌죠.

편 보도국장의 특권과 혜택이 있나요?

윤 가장 큰 특권은 인사권이에요. 정치부장, 사회부장, 경제부장 등 각 부서장뿐 아니라 부원들에 대한 인사권도 모두 보도국장이 갖고 있어요. 조직을 효율적으로 운영하면서 가장 좋은 성과를 낼 수 있도록 인재를 적재적소에 배치하는 것이 보도국장의 의무이자 권한이에요. 인사에 불만이 나오지 않도록 적절히 부서장과 부원들을 이동시킬 필요성도 있어요. 자신에게 잘 보인 사람들만 중용해서 주요 부서장을 시키거나 주요 출입처에 내보내면 좋은 뉴스를 생산할 수 없을 거예요. 친분을 떠나 부서장과 기자의 커리어, 역량에 맞는 자리를 줘서 언론사 전체로 볼 때 좋은 뉴스를 생산해낼 수 있는 조직으로 만들어가는 것이 보도국장의 가장 큰 역할이라고 저는 생각해요.

인사권 외에 혜택이라고 한다면 우선 비서를 들 수 있을 거예요. 딱히 '비서'라는 이름이 아니더라도 자신의 업무를 도와주는 스태프 직원들이 있기 마련이거든요. 보도국장이 워낙 하는 일이 많기 때문에 작은 업무를 대신해 줄 사람이 필요해요.

두 번째 혜택은 운전기사 딸린 차량 지원을 꼽을 수 있겠네요. 보도국장은 특성상 대외 업무도 많고 일선기자들과의 스킨십도 많이 해야 하기 때문에 외부에 다닐 일이 많아요. 그래서 출퇴근용 차량과 운전기사를 회사가 지원해주는 것이 일반적이에요. 회사에서 차량 지원을 받는 사람은 대표이사 사장과 임원 외에는 사회부 사건팀 '캡(경찰서를 출입하는 사건팀의 팀장으로, 서울경찰청을 출입하는 기자를 캡이라고 부른다)', 그리고 보도국장 정도예요.

세 번째 혜택은 '법인 카드'가 아닐까 싶네요. 대내외 활동을 하다 보면 돈이 많이 들어가기 마련이죠. 그 때문에 회사가 지급한 '법인 카드'로 활동비를 쓰는 게 일반적이에요. 아마 보도국장이 한 달에 쓸 수 있는 돈이 상당할 거예요. 부서별로 돌아가며 기자들과 회식한다든지, 부서장들과 회식하는 것은 기본이고 외부 인사들과 만나 식사하는 데도 비용이 드는데, 이런 비용을 다 회사가 부담해주거든요. 제가 말한 비서, 운전기사 딸린 차량, 거의 한도 없는 법인 카드, 이 세 가지 혜택은 지상파와 보도채널, 종편 보도국장(또는 보도본부장)의 경우에 해당하는 것이고 이보다 규모가 작은 언론사의 경우엔 약간씩 다를 거예요.

CJ헬로의 경우엔 불행히도 위 세 가지 혜택 모두 없었어요. 보도국장의 지위와 역할을 그만큼 회사가 낮게 평가했던 셈이죠. ㅠㅠ

이미 옛날이야기가 됐지만, 과거에는 보도국장 출신 인사에게 교육부가 대학교수 자리를 알선해주는 제도도 있었어요. 그만큼 보도국장은 파워 있고 명예로운 자리였답니다. 물론 그런 혜택을 떠나서 기자라면 누구나 한번 해보고 싶은 자리가 보도국장이 아닐까 생각해요.

편 보도국장이라는 직위가 엄청나네요.

윤 네. 하지만 이런 권한을 개인적인 목적을 갖고 사용하면 독이 된다는 사실도 알아야 해요. 보도국장이 가진 권한을 함부로 남용하다가 큰코다친 사람도 있어요. 모 대기업의 고위 임원에게 아부성 문자를 보냈다가 보낸 문자 내용이 공개되는 바람에 보도국장 자리에서 물러나야 했던 사람도 있거든요. 보도국장이 되면 청와대 수석 비서관이나 정부의 장·차관, 국회의원, 기업 대표나 고위 임원들과 친분을 쌓을 기회가 생기거든요. 그걸 개인적으로 활용하려다 들켜 불명예 퇴진한 사례가 보도되기도 했죠.

또 주어진 권한만큼 막중한 책임도 뒤따르는 것이 보도국 장이에요. 보도에 심각한 문제가 있었다면 그것은 최종 책임 사인 보도국장이 져야 하는 사안도 있어요.

편 다른 사람이 한 잘못도 보도국장이 책임져야 하나요?

윤 보도국장이 최종 책임자이니까요. 실제로 한 보도전문채 널의 경우 한미정상회담 관련 뉴스를 전하는 앵커 멘트에서 뒷배경에 문재인 대통령 뒤에 태극기 대신 북한의 인공기를 넣은 뉴스가 방송된 적이 있는데 책임은 보도국장이 졌어요. 한 나라의 대통령을, 그것도 분단국가인 한국의 대통령에 태 극기 대신 북한의 국기를 넣었으니 난리가 난 거죠. PD나 부 조정실 스태프 중에 누군가는 그걸 사전에 알아차리고 뺐어 야 하는 건데, 그대로 방송이 나간 것은 결국 보도국장의 불 명예 퇴진으로 이어지고 말았어요.

한 종편채널의 경우는 문재인 대통령의 부인인 김정숙 여 사를 김정은 여사(김정은은 북한 국무위원장 이름이다)로 잘 못 표기했다가 보도국장이 정직 3개월 징계를 받기도 했어요. 이 방송사는 이 실수 전에도 치명적 실수를 했어요. 하단 자 막에 "CNN '북 대통령, 김정은에 전달할 트럼프 메시지 갖고 있어"라고 문 대통령을 북 대통령으로 잘못 썼던 거예요. 이처럼 실수는 자막 담당자 또는 CG 담당자가 저질렀지만, 그 책임을 물어 보도국장이 징계를 당했던 거죠.

이런 사례도 있어요. 모 지상파 방송 통합뉴스룸 모 국장은 2019년 4월 강원산불 당시 재난보도를 제대로 하지 못한 데 대한 책임을 지고 스스로 물러나겠다는 뜻을 밝혔어요. 사내 게시판에 "2주 전 우리의 산불 재난보도에 대한 안팎의 비판을 겸허히 받아들인다. 당시 최선을 다한다고는 했지만 결과적으로 많이 부족했던 것 같다"고 썼어요. 그러면서 "전적으로 특보의 시기와 내용, 형식을 총괄했던 저의 책임이다. 산불 현장과 보도국에서 밤새 악전고투했던 기자들의 노력이 폄훼되지 않았으면 하는 바람"이라며 사퇴 의사를 공식 표명했어요. 당시 이 방송사는 국가재난급의 산불이 강원도 고성과 속초, 강릉 일대를 덮쳤는데도 CJ헬로 지역채널보다 최소 2시간 이상 늦게 특보를 방송했어요. 그것도 10분만 한 채 원래 편성돼 있던 예능적 시사 토크 프로그램(정권을 옹호하는 프로그램이라는 비판이 제기됐었다)을 방송함으로써 여론의 뭇매를 맞았죠.

편 보도국장은 외부의 압력에도 시달린다면서요?

윤 언론사가 만드는 뉴스와 신문 기사의 힘이 크다 보니, 외부로부터의 간섭도 적지 않게 받는 게 현실이에요. 특히 공영방송이나 주주가 정부의 입김이 많이 작용하는 방송사일수록 그렇죠. 대표적으로 KBS가 꼽혀요. 실제로 2016년 김시곤 KBS 전 보도국장은 자신이 보도국장으로 재임하던 2014년 세월호 침몰 참사가 발생했을 당시 이정현 청와대 홍보수석으로부터 세월호 관련 보도를 줄이라는 전화를 받았다고 밝혀 큰 파문이 일었던 적이 있어요.

세월호 참사에 대한 정부의 대응이 한참 미흡했고 대통령의 의문의 7시간 등 각종 의혹이 제기됐던 터라 청와대는 세월호 관련 보도가 많이 나가는 것이 정권 차원에서 지지율 하락으로 이어지는 등 치명적이라고 판단했었을 거예요. 그러니까 청와대 홍보수석이 KBS 보도국장에게 전화해 "세월호 관련 보도를 좀 줄여달라"고 요청했다는 거죠. 전화를 받는 사람 입장에서는 압력으로 느껴졌을 수도 있어요. 전화를 건 사람이 막강한 권력을 가진 청와대 홍보수석 비서관이었으니까요.

김시곤 전 KBS 보도국장은 또 2013년에는 윤창중 전 청와대 대변인의 성추문 사건 발생 때도 "이정현 수석으로부터 보도를 축소해달라는 요구를 받았다"라고 폭로했어요. 그러면서 "청와대 수석 비서관들이 KBS를 자신의 홍보 도구로 생각하는 측면이 있었고 이명박 정부 때도 그런 전화가 있었던 것으로 안다"고 말했어요.

대한민국 최고의 권력기관이 언론을, 방송을 어떻게 생각하는지 잘 알 수 있는 대목이죠. 이처럼 방송사 보도국장은 특히 공영방송사의 보도국장은 외부의 압력, 외압에 시달리는 게 현실이에요. 김시곤 전 국장의 폭로 이후에는 좀 줄어들었겠지만 완전히 사라졌는지는 사실 잘 모르겠어요.

편 보도국장은 어떻게 선임되나요?

윤 언론사 대표가 임명하는 회사가 있고, 사장의 임명을 노조 또는 기자들의 동의를 얻어 임명하는 제도, 즉 임명동의제를 채택하는 회사가 있어요. 보도국장의 책임과 권한이 크고 중요하기 때문에 무소불위의 권한을 휘두르거나 권력의 압력에 부당하게 이용당하는 것을 막자는 취지에서 구성원들의 동의를 얻어 임명하는 제도가 생긴 것이죠.

임명 동의는 구성원들의 투표를 통해 이뤄져요. 과반수 또는 3분의 2 이상의 동의를 얻지 못하면 사장이 임명을 철회하도록 하는 것이에요. 또는 완전 투표제에 의해 선임되는 경우도 있어요. 학교에서 반장 선거하듯이 희망자들이 보도국장 후보로 출마하고 기자들이 투표로 뽑는 방식이죠. 가장 많은 표를 얻은 후보가 보도국장이 되는 거예요. 이 경우가 가장 민주적인 방식으로 보일지 모르지만, 단점도 있어요. 보도국장을 뽑는 선거가 인기투표로 흐를 가능성이 있기 때문이죠. 보도국장으로서의 역량을 중시하기보다는 나와 친한 관계의 후보, 나한테 잘해주는 후보에게 표를 던짐으로써 역량이 부족한 후보가 보도국장에 당선되는 결과가 초래될 수도 있다는 점이에요.

어쨌든 보도국장은 보도국을 공정하게 잘 이끌어나갈 사람, 그리고 보도 역시 공정하고 균형감 있게 해나갈 사람, 그럴만한 자격이 검증된 사람이 되어야겠죠. 대개 정치부와 사회부 경험이 풍부한 기자, 그리고 평기자 시절 특종을 했거나 파급력 있는 기사를 종종 쓰는 등 기자로서의 역량과 성과를 드러낸 사람이 보도국장에 선임되는 경우가 많아요.

편 CJ헬로 보도국장의 일과는 어떻게 되나요?

윤 제가 하는 일의 기본은 일단 뉴스 아이템 선정이에요. 우선 앞서 언급했듯이 아침 데스크 회의 때 각 지역에서 (CJ헬로는 지역별로 각자 다른 뉴스를 제작해 방송한다) 발제하는 아이템 중에 거를 것을 거릅니다. 추가할 것은 추가를 지시하고요. 그리고 제작 방식을 리포트로 할 것인지, 기자 출연으로 할 것인지, 전문가 출연이나 인터뷰 구성으로 할 것인지, VCR 구성으로 할 것인지 등을 정하죠. 그리고 담아야 할 내용과 포맷 등에 관해서도 조언을 해요. 이것이 하루의 가장 중요한 일과라고 해도 과언이 아니에요. 이밖에 어떤 아이템을 우리가 가진 페이스북과 유튜브 채널에 업로드할 것인지, 모바일 전용 콘텐츠는 무엇을 어떻게 제작할 것인지에 대한 논의와 지시도 아침 회의에서 많이 이뤄져요.

기사를 기획하고 돌발적으로 재난이 발생했을 때 재난방송을 총괄 지휘하고 재난방송 시스템과 전국 공통특집 방송 시스템을 구축하는 등의 일이 제가 하는 일의 기본이에요. 그리고 여유가 있을 때 지역 미디어국을 순회하며 기자들을 격

려하는 것도 저의 임무죠. 기자들과 밥을 같이 먹고 술잔을 함께 기울이면서 평소 애로사항도 듣고 우리가, 우리 사회가 나아가야 할 방향에 대해 진지하게 이야기를 나누는 것이 저의 중요한 역할 중에 하나랍니다.

발로 뛰는 지역방송 기자

지역방송 기자들은 어떤 일을 하나요

지역방송이 전국 방송보다 잘하는 점은 뭐가 있나요

지역방송 기자로서 보람은 무엇인가요

지역채널 보도국장으로 일하면서 일군 성과는 무엇인가요

JOURNALIST
세상을 바꾸고 싶다면
기자
CHANGE THE WORLD

편 지역방송 기사들은 어떤 일을 하나요?

윤 지역방송 기자들도 일상적인 취재 활동을 해요. 활동 무대가 지역이라는 점이 다르죠. 지역방송은 청와대와 국회, 총리실, 외교부, 국방부, 과학기술정보통신부와 같은 정부 부처는 출입하지 않아요. 지역 신문들은 청와대와 국회 등 주요 출입처는 기자를 파견해 취재 활동을 하지만요. 지역방송 기자들은 지역에서 발생하는 일을 취재해 보도하는 것이 업무예요.

편 지역방송에서는 해당 지역에서 일어나는 일만 다루나요?

윤 네. 예들 들어 진주에서 조현병 환자가 자신의 아파트에 불을 지르고 대피하는 주민들을 무차별 살해한 사건(2019년 4월)이 발생하면 지역에서는 큰 뉴스로 다뤄져요. 물론 이 정도 대형 뉴스면 다른 방송사에서도 다루지만 지역방송에서는 더 크게 그리고 관련 기획 시리즈 보도를 하게 되죠. 왜냐하면 지역사회 주민들의 안전에 직접적 영향을 미치기 때문이에요. 그래서 지역에서 발생하는 사건 사고가 기본 뉴스가 돼요. 건물 화재나 산불도 마찬가지고요. 폭우나 폭설, 태풍도 마찬가지예요.

그래서 가장 중요한 게 재난보도예요. 국지적 재난이 일어났을 때 신속하게 관련 정보를 주민들에게 알림으로써 주민들이 위험에서 벗어날 수 있도록 돕는 거죠. 주민의 생명과 재산 보호가 재난방송의 기본 목적이에요. 앞서도 이야기했지만 2019년 4월 강원산불 당시 CJ헬로가 보여줬던 재난방송은 모든 방송사의 귀감이 되었다고 해도 과언이 아닐 거예요. 많은 사람으로부터 잘했다는 칭찬을 받기도 했고요.

편 지역방송에서 이렇게 큰 뉴스를 다루는 줄 몰랐어요.

윤 큰 재난에만 특보를 하는 것은 아니에요. CJ헬로의 경우 작은 재난의 경우에도 특보를 해요. 전라남도 지역에 호우경보가 내려졌던 2019년 5월 18일 오전에도 특보를 방송했어요. 일부 지역에 100mm 이상의 물 폭탄이 쏟아지는 등 여름철처럼 폭우가 쏟아졌기 때문에 호남방송과 아라방송에서 특보를 했죠. 기자들이 비에 흠뻑 젖은 채 현장에서 상황을 전달했고 기상청을 연결해 비가 얼마나 더 올지, 무엇을 조심해야 할지 등을 알려줬어요. 사실 큰 피해가 난 것도 아닌데 특

방통위, KBS 강원 산불 재난방송 '질타'…
"나사 풀렸다"

【서울=뉴시스】이국현 기자 = 방송통신위원회가 강원도 산불과 관련해 재난주관방송사인 한국방송공사(KBS)의 보도 행태를 강하게 질타했다.

김석진 방통위 부위원장은 17일 과천정부청사에서 열린 방송통신위원회 전체회의에서 "KBS는 재난방송 주관방송사이지만 산불 대응 3단계를 발령한 지 1시간10분이 지나 첫 특보를 했다"며 "CJ헬로가 지역채널 영동방송에서 2시간 빨리 특보를 시작했는데 재난주관방송사가 늦었다"고 지적했다.

그는 이어 "MBC는 오후 11시6분에 특보를 시작했고, YTN은 10시, 연합뉴스TV는 10시40분에 특보를 시작했다"며 "KBS는 10분 잠깐 하고 '오늘밤 김제동' 방송을 했다. 지역 케이블방송까지 재난 특보를 하고 있는데 주관 방송사가 안한 부분은 심각한 문제"라고 비판했다.

특히 그는 "KBS는 중계차를 강릉 주변에 두고, 고성이라고 속이는 등 취재 윤리도 저버렸다"며 "야당 일각에서는 주관방송사 자격을 박탈해야 한다는 주장까지 나오고 있다. 예산을 지원받고 (재난 방송이) 원활하게 이뤄지지 않은 데 대해 책임을 묻고 감독권을 행사해야 한다"고 주장했다.

재난 방송 내용도 도마에 올랐다. 김 부위원장은 "단순히 현장 중계만 해서는 안 된다"며 "재난방송 특보를 보면 맹렬하게 타오르는 기세를 중계한다. 무슨 정보를 주느냐. 심지어 불구경을 시켰다는 지적이 나온다"고 비판했다.

그러면서 "산불은 풍속과 방향을 고려해 30분뒤 어느 마을 덮친다는 정보를 줘야 한다. 하지만 우리 재난 방송은 스케치랑 이재민들이 발을 동동 구르는 것만 보여주고 정보를 주지 않고 있다"며 "예상할 수 있게 대피를 도와야 한다. 라디오도 안 되고, 장애인 수어 방송도 없다. 외국인 영어 자막도 필요할 수 있어야 한다"고 제언했다.

2019. 04. 17 뉴시스.

보를 했어요. 그 이유는 폭우 때문에 피해가 일어날 수 있으니까 조심하고 미리 대비하라는 메시지를 주기 위해서죠. 해안가에 나갔다가 휩쓸릴 수도 있고, 계곡물이 불어 위험에 처할 수도 있고, 농작물도 배수를 미리 안 해주면 물에 잠길 수 있으니까요. 특히 바로 전 강원산불 재난방송 때는 못 했던 영어자막을 내보냈어요. 외국인들에게도 상황을 전파하기 위해서죠.

Heavy rain warnings in South Jealla-do.

💬 지역방송이 진국 방송보다 잘히는 점은 뭐가 있나요?

💬 우선 앞서 강조했던 재난방송을 예로 들 수 있을 것 같아요. 전국 방송은 국지적 재난, 특히 피해가 그다지 크지 않은 국지적 소형 재난은 잘 다루지 않아요. 다루더라도 뉴스에 리포트 한 꼭지 정도로 매우 간단하게 다루죠. 전국 뉴스로 볼 때 그리 뉴스 가치가 높지 않다고 판단하기 때문이죠. 하지만 지역방송 입장에서는 지역의 국지적 재난이 지역 주민들에게는 큰 뉴스가 된다고 판단하기 때문에 적극적으로 다뤄요. 지역 주민들의 안전과 생명, 재산 보호를 위한 노력이죠. 피해가 없다고 해도 혹시 일어날지 모를 피해를 예방하기 위해 전국 방송에 비해 적극적으로 재난보도를 하는 거예요.

CJ헬로 지역채널의 경우에는 호우 경보가 내려질 경우에는 곧바로 특보를 하도록 매뉴얼을 만들어놓았어요. 하지만 같은 지역방송이더라도 지상파 지역방송이나 지역민방은 이런 재난보도 비중이 그리 크지 않아요. 그런 방송사들은 구조상 재난방송을 적극적으로 하기 어려운 게 사실이에요. 편성이란 것을 깨기 쉽지 않기 때문이죠.

CJ헬로 재난방송 화면.

CJ헬로 태풍 특보 방송 화면.

전국 지상파 방송의 편성 비중이 큰 가운데 지역 편성의 틀 안에서 재난방송을 적극적으로 하기 어려운 구조이고, 특히나 방송해야 하는 광고량이 많기 때문에 이 광고 방송을 하지 않고 재난방송을 했다가는 광고주들에게 광고비용을 물어줘야 하는 이유도 있어요. 지역민방 역시 SBS 서울방송 프로그램 의존도가 높은 데다 광고 또한 적지 않기 때문에 사정은 마찬가지예요. 케이블TV 지역채널이 재난방송을 가장 적극적으로 할 수 있는 이유는 환경이 지상파와 반대이기 때문이에요. 다시 말해 편성을 바꾸는 것을 비교적 자유롭게 할 수 있고 광고가 적기 때문이죠.

두 번째는 선거 방송이에요. 특히 지방선거 때 지역방송이 큰 힘을 발휘하는데, 그것은 전국 방송이 전 국민을 대상으로 하기 때문에 전국의 광역 단위 선거구와 주요 격전지를 중심으로 개표 현황을 전하는데 비해 지역방송은 시군구의 작은 단위 지역은 물론 기초 의회 의원 개표 현황까지 자세히 알려주기 때문에 지역 유권자들의 관심을 더 끌 수 있는 거죠. 전국 방송은 하려고 해도 할 수 없는 아주 작은 단위의 선거구 개표 현황까지 알려주니까 그 지역 후보자를 비롯한 선거관계자와 유권자 등 한마디로 동네 사람들이 관심 갖고 보

CJ헬로 선거 방송 화면.

는 거죠. 실제로 지방선거의 경우 지역방송 시청률이 상승곡선을 그립니다. 특히 케이블방송 지역채널의 시청률은 지상파를 뛰어넘는 기록을 세우기도 해요. 2018년 6.4 지방선거 때 CJ헬로 충남방송은 전 채널 중에 시청 순위 4위를 기록했고, CJ헬로 영남방송은 5위를 차지할 정도였어요. 시청률도 최고 7%대까지 치솟아 영향력을 과시했죠.

편 지역방송 기자로서 보람은 무엇인가요?

윤 전국 방송 기자들과 달리 지역방송 기자들은 지역에서 벌어지는 일을 취재하고 방송하는 일이 직업이잖아요. 그러니까 지역사회를 좀 더 살기 좋은 세상으로 바꿔나가고 싶은 희망을 갖고 있어요. 지역사회의 어두운 면을 외면하지 않고 파헤쳐서 메스를 가하도록 하고, 힘없고 가난한 이들의 삶을 조명해 그들이 이웃과 행정당국의 도움을 받을 수 있도록 하는 일, 또 지역사회에서 발생하는 여러 가지 갈등 현안이나 문제점, 각종 이슈를 발굴해 해결책을 마련하도록 하는 일, 이런 일을 하고자 해요. 특히 문제 해결을 위한 보도를 이른바 '솔루션 저널리즘'이라고 표현하는데, 이것이 구현되도록 애를 쓰고 있죠.

편 '솔루션 저널리즘'이 뭔가요?

윤 예를 들어볼게요. 2018년 5월 7일 경기도 양주시 주택가에서 LP가스가 폭발해 2명이 사망하고 주택 여러 채가 크게 붕괴됐어요. CJ헬로 나라방송은 즉각 그 현장을 취재해 뉴스

공공뉴스.

에 내보냈죠. 여기까지는 다른 전국 방송들도 많이 보도했어요. 그런데 LP가스 폭발 원인과 관련해 LP가스와 연결된 고무호스가 잘려나간 사실을 밝혀내고 고의성 의혹을 제기했어요. 뿐만 아니라 나라방송 최규서 기자는 이후에도 사고 현장에 십여 차례 다니면서 주민들을 상대로 취재를 계속했어요. 자살로 추정되는 가스폭발로 인해 아무 관계 없는 옆집까지 무너져버렸는데 피해주민들은 아무 보상을 받지 못한다는 안타까운 사실을 알렸어요. 특히나 건물 파편 덩어리 등 무너져내린 잔해물을 치우는 것도 피해주민이 자기 돈을 들여서 해야 한다는 억울한 사정도 알렸어요. 양주시는 아무것도 해주지 않는다는 사실도요. 피해자들 입장에서는 자신들의 억울한 사정을 알려주는 나라방송이 얼마나 고마웠겠어요? 실제로 얼마 후 양주시는 LP가스 폭발사건을 '사회적 재난 피해에 대한 보상 지원 조례'를 근거로 보상해주기로 했어요. 나라방송의 지속적 문제 제기성 보도가 결국 양주시를 움직여 보상을 이끌어낸 거죠. '솔루션 저널리즘'이 실제 작동한 사례예요. 위와 같은 연속보도는 인터넷 매체에 소개되기도 했어요.

이처럼 지역방송은 지역 주민들의 눈과 귀가 되어주는 역할을 한다고 저는 자부해요.

지역채널 보도국장으로 일하면서
일군 성과는 무엇인가요?

편 지역채널 보도국장으로 일하면서 일군 성과는 무엇인가요?

윤 가장 큰 성과를 숫자로 말하면 시청률 상승이겠죠.

제가 CJ헬로에 합류했던 2017년 7월 당시의 평균 채널 순위는 35위~40위였는데 6개월 만에 22위, 1년 6개월 만에 13위로 껑충 뛰어올랐거든요. 지상파 4사와 종편 4사, 보도채널 2사, 그리고 TVN과 일부 채널을 제외하고 상위에 랭크된 것이죠. 약 2백 개나 되는 채널 중에 무려 13위까지 오른 것은 기적과 같은 일이에요. 뉴스 시청률도 평균 0.1%가 채 되지 않았던 것이 6개월 만에 0.3%, 1년 6개월 만에 0.5%로 상승했어요. YTN 평균 시청률이 0.8%대니까 이 또한 상당한 약진을 한 셈이에요.

편 어떻게 했길래 그렇게 단기간에 성과를 낼 수 있었나요?

윤 첫째, 지역채널 뉴스가 지향해야 할 방향을 설정하는 데 주안점을 뒀어요. 지방자치단체 홍보성 위주였던 뉴스를 대폭 손질했어요. 지자체의 정책이 제대로 이행되고 있는지, 세금은 제대로 쓰는지를 점검하는 뉴스를 많이 다루도록 했어요. 나아가 축사 악취 문제를 둘러싼 주민들 간의 갈등이나 전통시장 화재 무방비 문제 등 지역사회가 안고 있는 크고 작은 문제점들을 파헤치고 대안을 제시하는 리포트로 뉴스를 구성했죠.

둘째, 취재 기자들과 카메라 기자들의 역량 강화를 위해 체계적인 교육을 강화했어요. 외부 강사 초청 교육, 내부 데스크 강화, 영상고문 영입을 통한 카메라 기자 교육을 지속했죠. 또한 스튜디오 세트 교체와 CG 업그레이드를 통해 시각적 변화도 추진했어요. 글과 그림, 구성이 달라지니 뉴스의 퀄리티가 향상되기 시작했어요.

셋째, 마인드를 바꾸는 데 힘을 쏟았어요. 기자는 세상을 바꾸는 사람들이라고, 지역사회를 올바른 방향으로 바꾸는 사람들이라고 항상 강조했죠. 우리가 지역 주민들의 생명과 재산을 보호하는 안전지킴이 역할을 해야 하고, 지역 경제를 활성화하는 데 도움을 줘야 하고, 지역 간 정보 격차를 해소하는 데 앞장서야 하고, 지역 문화 계승 보존을 위해 일조해야 하고, 풀뿌리 민주주의 발전에 기여해야 한다는 점을 늘 강조했습니다.

이렇게 기자들이 추구해야 할 방향을 정하고 그에 걸맞은 혁신적 방송을 계속했어요. 예를 들어 폭우가 쏟아지면 즉시 특보를 하는 겁니다. 포항 지진 때도 (포항은 CJ헬로의 방송권역이 아님에도) 특보를 전국에 편성하고, 전국에 흩어져 있는 미디어국 취재팀을 포항에 급파했어요. 왜냐하면, 당시 지진의 규모는 5.4로, 국내 지진으로서는 사상 두 번째로 큰 규모였고, 특히 지진 때문에 수능이 사상 최초로 일주일 연기되는 사태까지 벌어졌기 때문이었죠. 실제 서울에서까지 진동이 느껴지는 등 전국이 지진의 영향권에 있었거든요. 또 크고 작은 화재와 폭설, 태풍 때마다 특보를 했어요. 앞서 여러 차례 이야기한 것처럼 지역 주민들의 안전을 위한 지역방송이어야 한다는 명분을 지키기 위해서였죠.

또한 기획 특집 시리즈를 주기적으로 방송하도록 했어요. 전국의 여름휴가지를 소개하는 특집 뉴스, 봄꽃 축제 현장 전국 특집, 숨은 나들이 명소 특집과 같이 지역 경제 활성화에 도움이 되도록 하는 특집 뉴스 등을 방송했어요. 그전까지는 전혀 시도하지 않았던 포맷의 방송이에요. 예를 들어 서울 상암동 스튜디오에서 진행하면서 순천만 국가정원에 나가 있는 기자를 연결하고, 강원도 양양의 서핑 현장을 연결하는 등 전국의 명소를 연결해 소개하는 뉴스죠. 이뿐만 아니라 전국에서 쓰레기를 산처럼 쌓아놓은 곳, 바닷가 해양 쓰레기, 골목길 쓰레기 불법 투기 현장 등을 연결해 전국적인 쓰레기 문제 현상을 보여주면서 원인을 파악하고 해결책을 찾아보는 특집 뉴스도 했어요.

무엇보다 제가 역점을 두고 힘을 쓴 점은 이거예요. 기사의 가치를 지역채널의 관점에서 바라보면서 기자들의 마인드셋(Mindset, 원하는 것을 이루는 '태도의 힘')을 바꾸는데 주력한 것이죠. 저널리즘, 기자의 사명감을 갖도록 줄기차게 노력을 계속한 거예요. 처음엔 거부감도 크고 저항도 있었지만, 시간이 흐르면서 저의 노력은 헛되지 않았어요. 이제는 주니어 기자들을 중심으로 우리가 해야 하는 일이 무엇인지 깨닫기 시작했어요. 물론 아직도 갈 길이 멀지만요. 이런 과정을 거치면서 이제 지역에서 알아주는 방송으로 우뚝 설 수 있게 됐답니다.

기자가 되려면

기자가 되기 위한 필수 전공이 있나요

어떤 공부를 해야 하나요

면접을 잘 통과하는 비결이 있나요

외모가 중요한가요

세상을 바꾸고 싶다면
기자

편 기자가 되기 위한 필수 전공이 있나요?

윤 기자가 되려면 신문방송학과를 나와야 한다고 오해하기 쉽지만 아니에요. 물론 기자 중에 신문방송학과를 나온 사람들도 있어요. 그렇지만 비율은 아주 미미해요. 기자들의 대학 전공은 매우 다양해요. 공대나 이과대 출신이 드문 건 사실이에요. 그렇다고 없는 건 아니에요. 동아사이언스 기자와 같이 전문 잡지나 전문지에는 물리학과나 화학과 출신 같은 해당 전공자도 있어요. 다만 일반적인 언론사 기자들을 살펴볼 때 대학 전공은 국문과도 있고, 영문과도 있고, 이란어를 전공한 사람도 있어요. 어학 전공 외에 정치외교학과, 철학과, 종교학과 등등 정말 다양하답니다.

그렇다면 어떤 공부를 해야 하나요?

윤 전공이 무엇이든 언론사에 들어가기 위한 시험, 이른바 '언론고시'라고 불리는 시험에 통과하려면 기본적으로 시사상식은 갖추고 있어야 해요. 대개 시험과목 중에 공통으로 들어가는 것이 '시사상식'이기 때문이죠. 시사상식을 갖추기 위해서는 평소 뉴스를 많이 보는 것이 도움이 돼요. 신문 기사를 읽는 것도 큰 도움이 되지요. 뉴스를 보고 신문 기사를 읽다 보면 세상이 어떻게 돌아가는지 파악할 수 있게 되죠. 또 기사에 등장하는 낯선 용어들을 조금씩 익히면 어휘력도 풍부해지고 그만큼 상식도 늘게 돼요.

매일 뉴스를 다 볼 필요는 없어요. 인터넷 포털사이트나 자신이 마음에 드는 언론사 홈페이지에 들어가서 주요 뉴스 가운데 1~2개 정도 골라서 보세요. 일주일에 2~3일 정도 꾸준히 보다 보면 자신도 모르는 사이에 시사상식이 늘 거예요. 저도 요즘 뉴스를 보거나 신문 기사를 읽으면서 모르는 말, 모르는 사실을 많이 알게 되거든요. 언론고시를 준비하는 대학생들은 이렇게 뉴스를 통해 시사상식을 넓히기도 하지만 아예 시사상식 책으로 공부하기도 해요. 사실 저도 입사하기 전에 두꺼운 책을 사서 밑줄 쫙쫙 쳐가면서 외우다시피 했었죠. 하지만 몇 달 동안 벼락치기 공부하듯 하는 것보다는 평소에 기사에 관심을 두고 조금씩 읽으면서 필요하면 스크랩해뒀다가 주말에 다시 꺼내 보고 하는 방식이 더 도움이 될 것 같아요.

시사상식 외에 영어는 기본이에요. 왜 꼭 영어를 해야 하나요? 라는 질문이 있을 수 있어요. 사실 기자가 된다고 해서 반드시 영어를 사용하는 것은 아닌데 말이죠. 맞아요. 꼭 그런 건 아니에요. 하지만 가끔 쓸 일도 있어요. 그리고 특히 국제부에 가면 영어로 된 기사를 읽어야 해요. CNN도 봐야 하고요. 완벽하게 할 필요는 없지만 대략 무슨 뜻인지 알아야 하죠. 그래야 실수 없이 신속하게 관련 기사를 쓸 수 있으니까요.

영어 관련 에피소드가 있어요. 예전에 기자 초년병 시절 국제부에서 근무할 때였어요. 야근하는 날이었는데 영국에서 foot-and-mouth disease가 발생해 돼지 수만 마리가 죽었다는 기사가 AP 통신으로 들어왔어요. 그래서 foot-and-mouth disease가 뭘까 생각하다가 수족구병이 떠올랐어요. 발-입-

병이니까 손 수(手) 자에 발 족(足), 입 구(口), 병 병(病) 자를 쓰는 수족구병이 떠오른 거죠. 근데 왜 수족구병으로 돼지가 죽지? 하는 생각에 사전을 찾아봤죠. 그랬더니 '구제역'이라고 나오더라고요.

영어시험은 언론사뿐 아니라 거의 모든 대기업에서 보는 시험일 거예요. 그리고 입사 후에도 승진심사로 영어 시험을 통과해야 하는 회사가 적지 않아요. 왜 그럴까요? 사실 회사 생활하면서 영어를 안 쓰는 경우도 많은데 말이죠. 그 이유를 저는 모든 사람을 공평하게 평가할 수 있는 기준으로 영어를 선택한 것이라고 생각해요. 동의하지 않을 수도 있지만, 영어는 중고교 때부터 모두 배우는 공통 과목이잖아요. 그래서 '성실도'와 연결 지을 수 있을 것 같아요. 영어 공부를 하느냐 안 하느냐, 이걸 가지고 성실도를 측정한다는 거죠. 공통적으로 평가 기준을 삼을만한 것이 영어 말고 찾기가 그다지 쉽지는 않은 것 같아요. 그렇게 이해하고 평소 영어 공부도 틈틈이 해두는 게 좋을 것 같아요. 그리고 기자 생활하다 보면 영어가 꼭 필요할 때도 있어요. 외국인 인터뷰가 그렇죠. 인터뷰 해야 하는데 영어가 딸리면 취재 자체가 불가능해지니까요.

편 면접을 잘 통과하는 비결이 있나요?

윤 요령이 있는 것 같아요. 면접관마다 선호하는 후보들이 있지만 공통점도 있어요. 첫째, 말을 제대로 하지 못하는 것은 큰 감점 요인이에요. 너무 긴장해서 말을 버벅거리면 안 돼요. 말을 조리 있게 못 하고 두서없이 늘어놓는 것도 감점 요인이에요. 질문에 나름대로 논리적으로 대답해야 면접관의 점수를 딸 수 있어요. 특히 방송기자의 경우 실제 취재 현장에서 중계를 하거나 스튜디오에 출연해 자신이 취재한 내용에 대해 설명해야 하는데 너무 긴장해서 떨리는 음성으로 말하거나, 말을 제대로 잇지 못하거나, 논리적으로 이야기하지 못하고 두서없이 하면 안 되기 때문이에요. 면접도 자신이 방송에 출연해 이야기한다고 가정하고 임해야 해요.

두 번째, 솔직하게 답해야 해요. 자신의 생각을 있는 그대로 솔직하게 이야기해야지, 거짓말을 했다가는 거짓말이 또 다른 거짓말을 낳고 그러다가 꼬리가 잡히기 십상이죠. 꼭 거짓말이 아니더라도 면접관 듣기 좋게 정답이라고 생각하는 답변을 하려다가는 되레 망치는 경우가 있어요. 제가 처음 언론사 면접을 볼 때 함께 응시했던 옆 사람이 이런 질문을 받았어요. "가장 인상 깊게 읽은 책이 무엇인가요?" 그 응시생은 잠시 머뭇거리더니 "카라마조프가의 형제들입니다"라고 답했어요. 그랬더니 면접관이 "아, 도스토옙스키의 그 책, 나도 옛날에 읽었었는데, 그 형제 가운데 누가 가장 마음에 들던가요?"라고 후속 질문을 내놓는 거예요. 그러자 응시생은 또 머뭇거리더니 "아~, 그게 하도 오래되어서 기억이 잘 나지 않습니다. 죄송합니다"라고 답했어요. 그 사람이 그 책을 실제로 읽었는지 안 읽었는지 신뢰할 수 없는 답변이었던 거예요. 꼭 그이유 때문인지는 몰라도 그 응시생은 낙방했습니다.

세 번째는 자신 있게 그러나 겸손하게 이야기하는 태도가 중요해요. 면접관의 질문에 자신감 없이 기어들어 가는 목소리로 답하면 벌써 면접관은 마이너스 점수를 줍니다. 면접관 귀에 쏙쏙 들어가게 약간 하이톤으로 또박또박 자신감 있게 이야기해야 해요. 그렇지만 너무 자신감을 강조한 나머지 건방지게 느껴질 정도로 하면 곤란하죠. 말투는 자신감 있게, 이야기의 내용 또한 자신감을 드러내면서도 겸손하게 자신을 살짝 낮추는 식으로 말하는 것을 면접관들은 선호합니다. 예를 들어 면접관이 "왜 기자가 되려고 하나요?"라는 질문을 했다고 가정해볼까요. "저는 어릴 때부터 글 쓰고 남들 앞에서 이야기하는 걸 잘했어요. 그래서 글짓기 대회에 나가면 항상 상을 받았고요. 나서는 걸 좋아하다 보니 학교에서 반장과 회장을 놓친 적이 없었습니다. 아무튼 저는 기자가 돼서 사람들에게 저를 더 알릴 기회가 주어진다면 좋겠다는 생각을 늘 해왔습니다. 기자는 높은 사람들도 많이 만나고 나중에 정치인도 될 가능성이 높아서 그런 꿈을 갖고 기자가 되려고 마음먹었습니다"라고 답했다고 하면 어떤 점수를 받을까요? 솔직하게 사실과 자기 생각을 자신 있게 말했다고 한다면? 제가 면접관이라면 높은 점수는 주지 않을 거예요. 왜냐하면 자신감은 드러냈지만, 겸손이 부족했고 기자가 되려는 목적이 정치인이 되기 위한 것이라는 점이 마음에 들지 않네요. 기자로 승부를 걸기보다는 정치인이 되기 위한 디딤돌 정도로 생각하고 있기 때문이죠. 같은 상황이라도 저라면 이렇게 답하겠어요.

"저는 어릴 때부터 글 쓰고 남들 앞에서 이야기하는 걸 좋아했어요. 글짓기 대회에서 상을 여러 번 받기도 했고요. 학교 반장과 회장을 하면서 남들 앞에서 이야기할 기회를 많이 얻었고 그것을 통해 말하는 법을 배운 것 같습니다. 솔직히 기자가 되면 제 이름을 널리 알릴 수 있는 기회도 얻을 수 있을 것 같고요. 이 사회의 다양한 각계각층 사람들을 두루 만날 기회가 주어지는 것도 제게는 큰 매력으로 보입니다. 사회의 잘못된 점을 고치고 우리 사회가 더 좋은 방향으로 나아갈 수 있도록 하는 데 저도 도움이 되고 싶어 기자가 되려는 꿈을 갖게 됐습니다."

앞의 답변과 비교해보세요. 뭐가 어떻게 다른지. 그러면 감이 잡힐 거예요.

[편] 외모가 중요한가요?

[윤] 현실적으로 방송기자의 경우 외모도 비교적 중요한 요인으로 작용해요. 잘 생겼냐, 못생겼냐의 문제가 아니고 호감을 주는 인상이냐, 아니냐라고 할까요? 예를 들어 혐오감을 주는 인상이라면 탈락이죠. 가장 중요한 것은 신뢰감을 주는 얼굴이냐 아니냐예요. 영화배우 뺨치게 잘생겼다면 오히려 좋은 점수를 못 받을 수도 있어요. 사실 잘생긴 외모의 기준은 면접관 개인마다 차이가 있기 때문에 딱히 뭐라고 정의하기 어려운 일이죠. 그런데 어떤 옷을 입었는지, 어떤 헤어스타일을 했는지, 어떻게 메이크업을 했는지도 적잖게 영향을 미칠 때도 있어요. 예를 들어 너무 노출이 심한 의상을 입고 면접에 임하거나 강남 유명 미용실에서 비싼 돈을 들여서 했을 법한 메이크업과 헤어스타일이라면 되레 감점을 받을 수도 있어요. (아나운서 면접의 경우와는 다르게) 그렇다고 반바지 차림이나 부스스한 머리로 면접에 임하는 것도 예의는 아니겠죠. 깔끔하면서 맵시 있는 스타일, 과도하지 않은 패션과 헤어, 메이크업이면 무난할 겁니다.

뉴스 제작과정에
숨겨진 비밀

1. 뉴스가 온에어되기까지 숨은 공로자들

2. 뉴스가 만들어지는 과정

3. 부서별 출입처

사진기자

뉴스는 취재기자들만 만드는 게 아니에요. 신문에는 기사와 함께 사진이 실리죠. 사진을 촬영하는 사진기자가 별도로 활동하면 취재 현장에서 찍은 사진을 신문에 올려요. 이걸 보도 사진이라고 하고 이를 찍는 사람을 사진기자라고 해요.

오른쪽 페이지의 상단 사진을 보세요. 폭격으로 인해 불바다가 된 곳을 피해 도망가는 사람들 속에 알몸의 한 소녀가 있습니다. 끔찍한 전쟁의 참상을 전 세계에 알린 상징적 사진이었죠. 이 사진으로 인해 미국에서는 반전운동이 거세졌고 결국 전쟁은 막을 내리게 됐어요. 보도 사진 한 장이 큰 힘을 발휘했던 거죠. 이 사진을 찍어 전 세계에 타전했던 AP통신의 사진기자 후잉 콩 우트는 1973년 유명한 퓰리처상을 받았어요.

1973년 퓰리처상 수상작.

1975년 퓰리처상 수상작(화마가 남긴 정적).
그을음이 잔뜩 묻은 채 흠뻑 젖은 상태로 잠시 쉬고 있는 소방관 네 명.

2002년 퓰리처상 수상작(미국이 공격당하다).
비행기가 WTC 건물을 향해 날아가고 있다. 남측타워에 부딪히기 바로 전의 순간이
다. 18분의 간격으로, 2대의 비행기가 맨하튼의 세계무역센터 건물에 와서 부딪혔다.

카메라 기자

방송, TV 뉴스는 영상을 기본으로 이뤄지기 때문에 취재기자
외에 카메라 기자가 있어야 해요. 어떤 뉴스의 소재가 되는
현장 상황을 카메라로 촬영해야 방송을 할 수 있기 때문이죠.
국회에서 벌어지는 몸싸움, 고함지르는 장면, 대통령이 외국
정상과 만나서 하는 정상회담, 문재인 대통령과 김정은 북한
국무위원장의 역사적 판문점 회담, 삼풍백화점 붕괴, 성수대

교 붕괴, 세월호 침몰 참사, 2002 한일월드컵 4강 신화 등 정치에서부터 사회, 스포츠 분야 등 각 분야의 모든 대형 뉴스는 현장의 생생한 모습이 시청자들에게 전달돼 안타까움, 분노, 슬픔, 기쁨, 환희를 느끼게 해주게 됩니다. 영상은 TV 뉴스에서 필수요소입니다. 그래서 취재기자와 카메라 기자가 꼭 필요한 거죠.

영상편집자와 CG 제작자

그럼 기자만 있으면 뉴스를 방송할 수 있을까요? 아니죠. 취재기자와 카메라 기자가 취재한 것을 뉴스에 내보내기 위해서는 기본적으로 리포트라는 것을 만들어야 해요. 리포트에는 기자의 목소리(내레이션)에 관련 영상이 합쳐져 있고, 관계자의 인터뷰가 중간에 들어가고 기자의 현장 모습(스탠드업이라고 한다.)이 담긴 편집물을 말해요. 앵커가 "홍길동 기자의 보돕니다"라고 한 후에 보이는 VCR을 일컫는 거죠. 그걸 보면 기자가 이야기하다가 나중에 KBS 뉴스 홍길동입니다. YTN 홍길동입니다. 이런 식으로 마무리 지으면 다시 앵커가 나타나서 다음 뉴스를 전하잖아요. 그게 바로 리포트에요. 그 리포트를 만들기 위해서는 기자와 카메라 기자 외에 영상편집자와 CG 제작자(컴퓨터그래픽 디자이너)도 있어야 해요. 예전에는 카메라 기자가 촬영과 편집을 같이 하기도 했고 지금도 그런 경우가 있지만, 규모가 큰 회사의 경우엔 이를 분리해 전문성을 갖게 합니다. CG는 리포트에 모두 들어가지는 않지만 마땅한 영상이 없거나 어떤 통계자료를 효과적으로 보여줄 필요가 있을 때 사용하죠. 이렇게 여러 사람의 노력이 들어가 제작이 완성되는 것이 리포트입니다.

자 이렇게 리포트가 완성되면 이제 뉴스를 내보낼 준비가 거의 된 셈이죠. 하지만 이게 끝이 아니에요.

뉴스가 거실 TV 또는 스마트폰 앱을 통해 시청자들에게 전달되려면 스튜디오와 부조정실을 거쳐야 해요. 스튜디오에는 뉴스 세트가 있고 거기에 뉴스를 전하는 앵커가 있고 이들을 촬영하는 스튜디오 카메라맨들이 있죠. 또 뉴스 진행을 돕는 FD도 항시 대기합니다. 프롬프터를 담당하는 FD도 따로 있어요. 프롬프터는 앵커가 읽는 원고를 말하는데, 카메라 렌즈 밑에 달린 모니터예요. 그 모니터에 뜨는 원고가 반사되어 카메라 렌즈에 비치죠. 앵커는 그걸 읽는 겁니다. 카메라에는 찍히지 않는 원고, 앵커는 카메라를 쳐다보고 사실 그 원고를 읽어내려가는 건데, 보통 시청자들은 그걸 알아차리지 못해요. 앵커가 원고를 외워서 이야기하는 것으로 알죠. TV 뉴스에는 그런 비밀이 숨어있답니다. 스튜디오 카메라는 보통 5대 정도가 쓰여요. 천장에서 스튜디오 전체를 보여주다가 움직이기도 하는 지미집 카메라와 앵커를 다른 각도로 잡을 수 있게 여러 대의 카메라를 이용하는 거죠. 그런데 요즘 지상파는 로

CJ헬로의 부조정실.

봇 카메라를 많이 도입해서 사람이 스튜디오에 들어가 카메라를 작동하는 일은 드물어요. 부조정실에서 조이스틱처럼 생긴 장비로 리모트컨트롤을 하거나 아예 미리 움직임을 세팅해서 버튼 하나만 누르면 자동으로 카메라가 움직이면서 줌인 줌아웃 등을 하고 정해진 패턴대로 촬영하기도 한답니다.

또 방송국에는 스튜디오와 별도의 부조정실이라는 곳이 있어요. 여기가 방송을 내보내는 사람들이 일하는 곳이에요. 여기에는 스태프들을 총지휘하는 PD가 있고 영상(VCR)을 플

채널A 부조정실.

레이하는 영상 담당자, 오디오 파일을 플레이하며 음량을 조절하는 오디오 담당자, 조명을 조절하는 조명 담당자, 자막을 넣고 빼는 자막 담당자, 그리고 화면을 넣고 빼는 스위치를 조작하면서 오디오, 영상, 조명 담당자 등의 스태프들을 지휘하는 TD(기술감독)가 있어요. 그 외에 뉴스 시작까지 몇 초 남았는지, 예정된 시간까지 몇 초 남았는지, 10, 9, 8, 7, 6, 5, 4, 3, 2, 1을 외치는 '타임키퍼'가 별도로 있는 경우도 있어요. (일본 TV 아사히 견학을 갔더니 이 역할만 하는 사람이 별도

로 있더군요.) 이렇게 뉴스가 방송되기까지 취재기자와 카메
라 기자 외에도 여러 스태프의 참여가 있어야 하는 공동작업
이 바로 뉴스 제작입니다.

사회부

각 부서에 배치된 기자들은 담당하는 분야와 출입처가 정해져 있어요. 예를 들어 사회부 사건팀의 A기자는 경찰서 중에 영등포 라인을 맡죠. 즉, 영등포 경찰서를 중심으로 강서경찰서, 구로경찰서를 맡아요. 그 경찰서 관내에서 발생하는 각종 사건 사고 집회, 그리고 민원 등 뉴스가 될 만한 정보를 모아서 취재하고 기사를 쓰고 방송하는 거예요. 구청과 보건소, 병원, 학교도 모두 기자들이 관심 갖고 취재하는 대상입니다. 경찰청와 서울경찰청, 서울남부지방검찰청과 서울남부지방법원 등 수도권 지방법원이나 지방검찰청도 사건팀의 출입처입니다.

사회부에는 사건팀 외에 법조팀과 행정팀이 있어요. 법조팀은 서울중앙지검과 대법원, 서울중앙지방법원 등 검찰과 법원에서 나오는 정보들을 취재하는 활동을 합니다. 유명 인사가 검찰에 출석해 조사를 받게 되거나 법원의 판결이 있으면 이들 법조팀 기자들이 맡아서 기사를 쓰게 되는 거예요. TV에서 많이 봐서 알겠지만 유명 연예인이 마약 투여 혐의로

검찰 조사를 받기 위해 출석하거나 유명 정치인이 뇌물 수수 혐의로 출석할 때 검찰청사 앞 포토라인에 서서 기자들의 질문을 받잖아요. 그렇게 눈에 보이는 공식적인 사안은 물론이거니와 검찰의 인지 단계에서부터 본격 수사에 착수하는 단계에서 기자들이 사건을 취재해 보도하는 경우가 있어요. 가끔 대형 특종이 이런 단계에서 나오기도 하죠. 다시 정리하면 법조팀 기자들은 기본적으로 법원과 검찰, 법무부를 출입하면서 대한변호사협회와 같은 변호사단체들도 함께 취재해요.

행정팀은 크게 사회 분야의 정부 부처를 맡아요. 행정자치부와 교육부, 환경부, 고용노동부, 보건복지부, 여성가족부가 기본입니다. 달라지는 수능 제도 등 각종 교육정책, 주 52시간제도 등 노동정책, 미세먼지 줄이기 위한 정책 등 각 부처에서 내놓는 정책을 국민들에게 알리는 일이 기본이에요. 정부가 만들어 집행하는 정책을 잘 알려야 정책이 제대로 굴러갈 수 있기 때문이죠. 그렇다고 일방적으로 홍보만 하는 건 아니에요. 정책 자체가 문제가 없는지 검증해보고 실제 국민에게 미치는 영향은 무엇인지 효율성을 따져보고, 예산은 제대로 쓰이는지 감시하는 활동도 기자들의 중요한 역할이에요.

정치부

정치부는 국회팀, 행정팀으로 나누어져요. 국회팀은 말 그대로 국회를 담당하죠. 여기서 또다시 여당반 야당반으로 나누어져 정당별로 출입처를 맡게 됩니다. 여당 출입 기자라면 아침에 여당 당사 또는 국회 기자실로 출근해요. 1990년대까지만 해도 여당 대표 또는 주요 인사의 자택으로 출근하는 일이 많았어요. 거기서 정치인과 아침 식사를 함께 하며 대화를 나누는 것으로 일과를 시작했죠. 과거엔 그렇게 기자와 정치인 간에 끈끈하고 긴밀한 관계를 유지했던 시대가 있었답니다. 그게 90년대 후반부터 사라졌죠. 여당 당사나 국회로 출근하게 되면 거기서 그날 큰 회의나 이슈가 무엇인지 전화로 주요 당직자들에게 전화를 돌려 체크하고 확인하는 일부터 시작합니다. 그리고 주요 정치인들이 라디오 아침 프로그램에 출연해서 하는 이야기들을 점검하죠. 그리고 조간신문과 다른 방송사에 어떤 뉴스가 나갔는지 체크하는 일도 중요해요. 기자사회 언어로 몰라서 기사를 못 쓰고 놓친 것을 소위 "물먹었다"고 표현합니다. 그러니까 물먹은 건 없는지 다른 언론사 기사들을 체크하는 일도 아침에 하는 일 중에 중요한 일이에요. 그리고 당에서 열리는 최고위원회의에 들어가 당 최고위원들이 하는 발언을 청취하죠. 정치인들이 국민, 또는 상대 당에 전하고 싶은 메시지를 이런 기회를 통해 의도적으로 하는 경우가 많거든요. 또 수시로 열리는 국회 상임위나 본회의에서 어떤 논의가 오가는지 법안처리가 어떻게 되는지, 국회의원을 뽑는 총선거나 지방자치단체장과 지방의회 의원들을 뽑는 지방선거, 대통령을 선출하는 대선이 치러질 즈음이면 후보자들에 대한 검증, 선거 판세 분석 등과 관련된 취재를 하느라 눈코 뜰 새 없이 바쁘죠. 참고로 여당반을 이끄는 선배 기자를 여당반장, 야당반을 이끄는 선배 기자를 야당반장이라고 불러요. 또 이 여당과 야당을 총괄하는 데스크(취재와 기사 작성 지시를 내리며 기사를 검수하는 기자)는 국회반장이라고 합니다.

행정팀은 청와대팀, 총리실과 통일부, 외교부, 국방부를 맡는 외교안보팀으로 구성돼요. 청와대팀은 청와대 춘추관(기자단이 상주하는 청와대 내 건물로 대통령이 기자회견을 하는 공간과 기자실이 있음)에 상주하며 대통령은 물론 청와대 비서관들의 움직임을 취재해요. 청와대는 그야말로 국가 최고 기관이다 보니 여기서 중요한 의사결정이 이뤄지고 중요한 기사가 나오죠. 저도 노무현 대통령 시절 청와대를 출입했었어요. 사실 노무현 대통령 집권 이전인 김대중 대통령 때까지는 기자들이 춘추관뿐 아니라 대통령 비서동까지 비교적 자유롭게 출입하며(물론 신원조회를 거쳐 등록한 정식 청와대 출입 기자에 한해) 비서실장과 수석 비서관, 비서관들을 만나며 취재 활동을 했었는데 노무현 대통령 집권 후부터 바뀌었어요. 춘추관에만 있을 수 있게 제한된 거죠, 비서동은 통제에 가로막혀 들어갈 엄두를 못 내게 된 거예요. 다만 대통령이 주재하는 회의가 열릴 때마다 출입기자단 중에 일부, 3~4명 정도만 대표로 들어가서 취재할 수 있었어요, 그 취재 내용을 다른 출입 기자들에게도 공유하는 제도, 이것을 풀(pool)이라고 해요. 대통령 경호와 보안이라는 청와대 특수성을 감안해 풀기자가 대표로 취재해 기사를 풀하는 시스템입니다. 이런 풀취재 시스템은 대통령이 해외 순방을 할 때도 마찬가지로 적용돼요. 출입기자들이 모두 대통령과 함께 전용기를 타고 해외 출장을 가는데 정상회담을 비롯한 주요 회의나 행사장에는 풀기자들만 가서 취재하고 취재 내용을 공유하는 시스템이 작동하는 거예요. 물론 정상들의 공동기자회견에는 모든 기자가 참석하죠.

청와대 출입 당시 있었던 한 가지 에피소드를 소개할게

2003년 11월 일본 가고시마현 이부스키에서 열린 한일정상 공동기자회견 당시 윤경민 기자의 질문에 답하는 노무현 대통령.

요. 대통령의 유럽 순방을 동행취재하고 돌아오던 길에 있었던 일이에요. 런던, 바르샤바, 파리 순방일정을 모두 마치고 귀국하는 전용기에 오르면서 제가 옆에 있던 김종민 당시 청와대 대변인(2019년 현재는 국회의원)에게 "고생했습니다"라고 인사말을 건넸어요. 그러자 "다 끝나야 고생한 거죠"라는 답이 돌아왔어요. 약간 퉁명스런 말처럼 들렸지만 그럴만한 이유가 있었다는 걸 나중에 깨달았어요. 귀국행 비행기를 타고 파리에서 서울공항으로 향하던 도중 기내에서 깜짝 발표가 있었어요. "대통령 전용기는 잠시 후 쿠웨이트 공항에 착륙할 예정"이라는 거예요. 노무현 대통령이 이라크 아르빌에 주둔 중인 한국군 부대 '자이툰'부대 방문을 하기 위해서란 거죠. 진작부터 정해졌던 일정이었지만 대통령 경호를 위해 그걸 불과 몇 시간 전에 기자단에 공개했던 겁니다. 그래서 결국 대통령 전용기는 쿠웨이트 공항에 착륙했고 거기서 대통령은 군용기 편으로 이라크 아르빌로 향했어요. 그 대통령 일행과 함께 일부 기자들이 풀기자로 동행 취재했고 나머지 기자단은 쿠웨이트 시내 한 호텔에 급히 차려진 프레스센터로 이동했지요. 거기서 대통령의 이라크 아르빌의 자이툰 부대 전격 방문 소식을 전했어요. 노 대통령이 한 병사와 얼싸안고 벅찬 감정을 표현했던 장면이 여기에 담겼죠. 저도 바로 전화연결을 통해 관련 소식을 전한 기억이 생생합니다. 그때 풀기자로 대통령과 함께 갔더라면 더 뜻깊은 취재였을 텐데… 하는 아쉬움도 있고요.

청와대 출입 기자들은 대통령의 일거수일투족을 지켜보며 뉴스를 전하는 역할이 크기 때문에 노무현 대통령이 국회의 탄핵으로 직무가 정지됐을 때는 사실상 개점 휴업, 할 일이 없었어요. 그래서 다시 권한을 되찾을 때까지 두 달 가까

노무현 대통령 순방 동행 취재.　　　청와대 출입 당시 스탠드업.

이 춘추관 2층에서 탁구 치는 일로 시간을 보내기도 했답니다. 물론 하루 종일 논 건 아니지만요.

　　외교안보팀(또는 행정팀)은 총리실과 통일부, 외교부, 국방부를 담당하는데, 저는 통일부와 외교부 출입을 비교적 오래 했어요. 국방부도 가끔 지원 취재 나간 경험이 있어서 외교안보에 전문성을 갖고 있다고 자부하기도 했었죠. 도쿄 특파원 때도 북한 관련 기사를 꽤 썼었으니까요, 아무튼 위에 얘기한 부처들은 대한민국의 외교와 안보에 관한 정책을 수립해 시행하는 부처들이기 때문에 출입 기자들도 중요한 역할을 하죠. 특히 분단국가로서 북한과 관련한 뉴스가 쏟아져 나오는 때에는 주목받는 기사를 쓸 일도 많거든요. 제가 통일부와 외교부를 출입했을 때는 (2008년~2010년) 북한에 대해

지원을 하면서 핵을 스스로 폐기하게 만들려는 이른바 햇볕
정책, 평화번영정책을 펼치던 김대중−노무현 정부에서 이명
박 정부로 바뀌었던 때였어요. 이명박 정부는 이전 정부와 달
리 북한을 압박하는 정책을 썼죠. 지원과 교류를 중단함으로
써 핵을 포기하게 하려고 했어요. 하지만 북한은 군사적 도발
을 강화하면서 긴장을 높이는 방식으로 반발했어요. 미사일
을 쏘고 핵실험을 하고 남북 이산가족 상봉을 중단하고 금강
산 관광지의 현대아산 자산을 빼앗는 식으로요. 어쨌든 남북
관계가 험악하게 돌아가던 시기였기 때문에 시선을 끄는 기
사가 많았어요. 그만큼 외교안보기자로서 바쁘게 지냈죠. 남
북관계가 악화되면 기자들이 바쁘지만 좋아도 바빠요. 문재
인 정부 들어 개최된 남북정상회담, 특히 북한 최고지도자가
대한민국 대통령과 손을 잡고 판문점 남북 경계선을 넘나드
는 모습은 전 세계 사람들에게 깊은 인상을 심어줬죠. 싱가포
르와 베트남 하노이에서 두 차례 열렸던 트럼프 대통령과 김
정은 위원장의 북미정상회담 등 숨 가쁘게 진행됐던 일종의
사건들이 외교안보 기자들을 흥분시키기도 했어요. 이처럼
남북관계에 크고 작은 사안이 발생할 때마다 국방부, 외교부,
통일부 출입 기자들은 담당 부처에서 내놓는 입장, 그 입장이

YTN 정치부에서 청와대 출입했을 당시 노무현 대통령과 악수하는 모습.

대통령 해외 순방 동행 취재 당시 스탠드업.

모아지기까지의 과정, 관련국 간에 긴밀하게 오가는 대화와 움직임 등을 취재해 전해야 해요. 정부 부처뿐 아니라 민간 분야의 전문가들 견해도 듣고 탈북자단체와 같은 시민단체들 의견도 들으면서 남북관계가 나아가야 할 방향에 대해서 제언도 하지요.

경제부

언론사마다 다 달라서 이게 정답이라고는 할 수 없지만, 경제부는 대개 정책팀과 산업팀, 부동산증권팀 정도로 나누어져요. 아까 얘기했던 경제신문의 경우에는 경제부, 산업부, 금융부, 유통부, 부동산부, 증권부 등등 분야별로 부서가 다르지만, 일반 방송사나 신문의 경우엔 경제부와 산업부, 두 개 부서로 나누어져 있고 그 안에 팀이 있거나 경제부 속에 여러 팀으로 쪼개진 경우가 일반적이에요. 그냥 경제부 하나만 있는 회사의 경우에 대해 이야기할게요. 정책팀은 경제정책을 수립하는 정부 부처를 맡아요. 국가의 예산을 짜는 기획재정부가 가장 중요한 부서에요. 또 미래창조과학부, 농림축산식품부, 산업통상자원부, 국토교통부, 해양수산부 그리고 공정거래위원회, 금융위원회가 정부의 경제부처로 꼽히는데 이들

부처를 출입하면서 부처가 발표하는 보도자료를 토대로 정책을 알리는 역할을 합니다. 단순히 알리는 데 그치지 않고 정부 정책이 제대로 만들어진 건지, 제대로 시행되고 있는지 등을 꼼꼼히 살펴 검증하는 역할도 하죠. 이런 부처들이 마련하는 정책들이 관련 업계를 통해 경제와 국민 생활에 미치는 영향이 크기 때문에 정책을 잘 들여다봐야 하는 것이 기자들의 중요한 임무예요.

산업팀에서는 대개 기업들 취재를 맡아요. 삼성전자가 새로운 스마트폰을 출시했다거나 그로 인해 업계 판도에 변화가 생기고 경쟁이 어떻게 전개될 것인가를 기사로 쓰는 거죠. 또 국내 시장에서 현대차를 비롯한 국산차들의 시장점유율이 낮아지고 벤츠와 BMW 같은 외제차들이 많이 팔리는 현상이 지속적으로 진행된다면 그 실태와 함께 원인은 무엇인지, 그에 대한 국산차 제조업체들의 대책은 무엇인지를 취재해 보도하는 겁니다. 한국은행이 은행 이자를 올리거나 내리거나 하는 것도 은행 빚을 많이 진 사람들에게는 영향을 크게 받기 때문에 뉴스가 되지요.

또 부동산팀, 증권팀의 경우도 아파트를 비롯한 부동산 가격의 변화나 주식 가격의 등락, 이런 것들 모두 투자자들은 물론 경기 전반에 미치는 영향이 작지 않기 때문에 기자들이 관심을 갖고 취재해 보도하는 분야에요.

저의 경우는 경제부에 있을 때 건설교통부(현재의 국토교통부)를 출입했어요. 현재 경제부처는 대부분 세종시에 있지만, 당시에는 경기도 과천에 있었는데, 매일 아침 건설교통부 기자실로 출근해서 배포된 보도자료를 챙겨보고 타사 기사를 점검하면서 어떤 기사를 쓸지 기획하거나 공무원들을 만나 이야기를 나누며 취재하는 활동을 이어갔어요. 건설교통부 출입 기자는 그 정부 부처뿐 아니라 건설업계와 항공업계도 담당했어요. 그 때문에 부동산 가격 동향과 항공기 사고 발생에 따른 조사도 제가 취재해야 하는 분야였어요. 또 증권거래소에 출입할 때는 요동치는 주가의 원인, 외국인이 얼마나 사들이고 되파는지, 기관투자가들의 움직임은 어떤지, 왜 그런지, 개미투자자들은 얼마나 이익을 보거나 손해를 봤는지, 앞으로 주가는 어떤 흐름을 보일 것으로 전망되는지 등을 전문가의 견해를 토대로 기사를 쓰는 일을 했지요. 기자들이 그런 재테크 분야의 정보들을 먼저 접해서 재테크에 성공할 것 같다고요? 그랬다면 제가 벌써 부자가 되어 있겠지만 전혀 그렇지 않답니다. 공표되지 않은 고급정보를 외부에 발설하는 것이 불법이고 설사 그런 정보를 미리 안다고 해도 투자할만한 기본 자금이 없어 못 하는 거죠.

문화부

문화부는 BTS가 빌보드차트를 휩쓸었다든가, 싸이의 뮤직비디오 조회 수가 기록을 세웠다든가 이런 대중문화의 움직임도 문화 뉴스를 대표하는 기사가 됩니다.

또한 80년대 유명 가수 김현식의 명곡 '사랑했어요'가 뮤지컬 주제가 돼 개막한다는 뉴스도 문화 기사죠. 문화부 기자들은 특정 출입처가 정해져 있는 경우는 많지 않아요. 정부 부처라면 문화관광체육부 정도인데, 대개 방송사의 경우 이곳을 상주하는 기자는 거의 없어요. 그보다는 분야별로 취재원들을 만나면서 취재 활동을 하죠. 예를 들어 대중음악, 공연예술, 클래식, 영화, 연극, 뮤지컬, 출판, 연예 분야 등으로 나눠서 해당 분야의 업계나 전문가 또는 배우나 매니저들을 상대로 취재 활동을 합니다. 특히 연예 분야는 화려한 연예인들을 자주 만나 좋을 것 같다고요? 꼭 그렇지는 않아요. 기자들이 연예인들과 직접 만날 기회는 매우 제한적이거든요. 그래도 본인이 좋아하는 분야에서 재미를 느끼면서 취재하고 보도하는 일을 한다면 만족감이 높을 수 있죠. 저는 사실 이런 문화 분야에서 취재한 경험이 없고 개인적으로도 대중문화든 클래식 문화든 이해도가 떨어지는 편인데, 채널A에서 문화과학부장을 맡아 고생 좀 했어요. 잘 알지 못하는 분야에서 부장으로서 후배 기자들에게 취재 지시를 내리거나 기사를 검수한다는 게 쉽지 않은 일이었거든요. 채널A의 경우 문화과학부여서 문화 분야뿐 아니라 과학 기사도 다뤘어요. 미국의 NASA가 화성에서 발생한 지진을 측정하는 데 성공했다거나 달이 태양의 4분의 1을 가리는 부분일식으로 우주쇼가 펼쳐졌다거나 하는 기사와 더불어 초미세먼지가 뇌 건강에까지 영향을 미친다든지 하는 건강 관련 기사도 과학 분야의 뉴스에요. 시청자나 독자들의 호기심을 불러일으키거나 실제 도움이 되는 기사도 많지요. 그런데 과학이다 보니 전문성이 필요한 게 사실이에요. 채널A의 경우엔 사이언스 동아 기자가 파견돼 과학 분야 기사를 쓰곤 했어요.

국제부

당연한 얘기지만 국제부는 별도로 출입처가 없어요. 해외에서 벌어지는 뉴스를 전하는 기자들이기 때문에 국내에 어딘가 가서 취재하는 일은 없는 거죠. 이런 경우는 있어요. 아시아 담당, 아메리카대륙 담당, 유럽 담당, 중동 담당처럼 지역별 담당을 누는 경우는 있죠. 국제부 기자들은 외국 통신사를 비롯한 해외 언론사들의 기사를 보면서 굵직한 기사들을 골라 그걸 번역해 국내 시청자나 독자들에게 전달하는 일을 해요. 2001년 미국에서 발생했던 9.11 테러 알죠?

이슬람 무장세력인 알카에다가 민간 항공기를 납치해서 뉴욕의 세계무역센터 쌍둥이 빌딩에 충돌시켜 건물을 통째로 무너트렸어요. 또 워싱턴의 국방부 청사에도 납치한 비행기를 충돌시키는 등 동시다발 테러를 일으켜 수천 명의 목숨을 앗아갔어요. 이런 충격적인 사건이 발생하면 국제부는 숨 가쁘게 돌아가게 됩니다. 발생한 현장의 모습을 보여주며 언제 어디서 어떤 일이 일어났는지 우선 전해야 하고, 누가 무슨 목적으로 그런 테러를 저질렀는지 분석해야 해요. 그리고 그에 대한 미국 정부의 대응은 물론이고 전 세계 반응도 전해야 하죠. 이처럼 초대형 뉴스는 몇 달 동안 관련 기사가 쏟아지기 때문에 기자들이 긴장의 끈을 놓지 않고 스토리를 잘 챙깁니다. 결국 9.11테러를 기획하고 지시했던 테러리스트 오사마 빈 라덴은 미국의 끈질긴 추격 끝에 테러 발생 10년 만인

9.11 테러.

노트르담 대성당 화재.

2011년 5월 은신처에서 미군 특수부대의 폭격을 받고 사망하게 됩니다. 이밖에 프랑스 파리에 있는 노트르담 대성당 화재와 같은 뉴스도 국내 시청자와 독자들의 눈길을 끄는 안타까운 뉴스이기 때문에 많은 국내 언론사들이 대대적으로 다뤘어요.

파리에 여행 가는 사람들은 대부분 노트르담 대성당을 보고 오기 때문에 관심이 가기 때문이죠. 이렇게 크고 작은 사건, 사고, 테러도 뉴스가 되지만 일왕의 퇴위식과 새로운 천왕의 즉위식, 영국 황태자의 결혼식과 같은 소식도 국제부 기자들이 다루게 됩니다. 물론 해외에 파견돼 현지에서 취재 활동을 하는 특파원들은 모두 국제부 소속이고요.

스포츠부

스포츠부 기자들은 말 그대로 스포츠에 관한 뉴스를 맡아요. 올림픽경기나 월드컵 경기가 열리면 특별취재팀이 꾸려져 개최국에 파견되죠. 경기 결과는 물론 경기장 인근에서 벌어지는 각종 행사나 특이한 움직임도 뉴스 소재가 됩니다. 평소에는 프로야구나 프로축구, 농구와 같이 인기 종목의 경기를 중심으로 경기에서 있었던 특이사항이나 결과를 전달하는 게 보통입니다. 지상파 뉴스를 보면 후반부에 스포츠 뉴스 코너가 별도로 있잖아요. 스포츠에 관한 사람들의 관심이 높기 때문에 별도로 스포츠 뉴스 코너를 편성하는 거죠. 스포츠부 기자들은 야구 담당, 축구 담당, 농구 담당 등 종목별로 담당을 맡게 되고 그에 따라 대한야구협회(KBO)와 같은 체육 단체를 출입해요. 출입이라는 게 매일 그곳으로 출퇴근하는 건 아니고 가끔 가서 협회 사람들과 접촉하면서 친분을 쌓고 경기 이외의 다른 사안을 취재하는 거죠. 사실 저는 스포츠부를 한 번도 경험해보지 못해서 잘 알지는 못해요.

자, 여기까지 대략 언론사 내의 부서와 각 부서 내 팀, 출입처 등에 관해 알아봤어요. 이제 좀 궁금증이 풀렸나요?

[나도 기자]

" 자, 이제 여러분들도
"나도 기자"라고 생각하고
취재하고 기사를 써볼까요? "

삼척 승합차 전복사고

실제로 2019년 7월 강원도에서 발생한 안타까운 교통사고를 토대로 해보겠습니다.

보도자료를 바탕으로 추가로 취재해야 하는 사항에는 어떤 것이 있는지 쓰고 추가 취재 내용을 토대로 뉴스 리포트 원고를 써보세요.

보도자료

- 강원도 삼척서 승합차 전복사고...16명 사상
- 일시 : 오늘(7월 22일) 새벽 4시
- 장소 : 삼척시 가곡면 풍곡리의 왕복 2차선 도로
- 내용 : 승합차 전복 사고로 4명 사망 12명 중경상

현장에서 취재한 내용

- 급커브 내리막길에서 가드레일 들이받고 도로 바깥쪽에 뒤집힌 채 나무에 걸쳐 있음.
- 사고차량에는 16명이 타고 있었음.
- 탑승객은 모두 쪽파 파종작업을 하러 가던 사람들로 대부분 고령자와 외국인 근로자들로 알려짐.
- 사망자 가운데는 외국인 2명도 포함됐음.
- 일부 외국인은 출동한 119 구급차가 부상자 후송 작업 도운 뒤 현장에서 사라졌음.
- 경찰은 사망한 운전자가 "브레이크가 말을 안 듣는다"고 외쳤다는 생존 탑승자들의 진술을 토대로 사고 원인을 조사 중임.

추가 취재할 내용은 어떤 것이 있는지 써보세요.

사고 발생 직후 방송된 KBS의 뉴스 리포트입니다. 자신이 쓴 내용과 비교해보세요.

삼척서 승합차 전복…4명 사망·12명 중경상

앵커

오늘 아침, 강원도 삼척에서 승합차가 전복돼 지금까지 4명이 숨지고, 12명이 중경상을 입은 것으로 파악됐습니다. 사상자 대부분은 쪽파 파종작업에 나섰던 노인과 외국인 근로자들인 것으로 전해졌습니다. 강릉 취재기자 연결합니다.

정면구 기자, 자세한 소식 전해주시죠.

기자

네, 오늘 오전 7시 33분쯤, 삼척시 가곡면 풍곡리 한 도로에서 그레이스 승합차가 전복됐습니다. 이 사고로 승합차에 타고 있던 4명이 숨지고, 4명이 중상, 8명은 경상인 것으로 파악됐습니다. 사고 차량에는 모두 16명이 타고 있었는데, 이들은 쪽파 파종작업을 하러 가던 중으로 알려졌습니다. 또, 사상자 대부분은 노인과 외국인 근로자들인 것으로 전해졌습니다. 현재, 삼척과 태백, 강릉 등의 병원에 분산 이송됐습니다. 사고 차량은 도로 바깥쪽에 뒤집힌 상태로 나무에 걸쳐있는 상황인데요. 소방당국은 일단 이 차량이 길옆 가드레일을 들이받고 전복된 것으로 추정하고 있습니다.

또, 승합차가 12인승인 것으로 전해져, 정원을 초과했을 가능성도 제기되고 있습니다. 경찰은 현장에서 사고 수습이 마무리되는 대로 목격자 등을 상대로 정확한 사고 원인을 조사할 계획입니다.

지금까지 강릉에서 KBS 뉴스 정면구입니다.

강릉 수소탱크 폭발 사고

다음은 2019년 5월에 발생한 공장 폭발 사고입니다.

사고 개요

- 수소탱크 폭발 8명 사상
- 저녁 6시 반쯤 강릉과학 산업단지 내 벤처 공장에서 수소 탱크 폭발
- 연료전지 시연하던 중 사고 발생
- 안내하던 벤처 기업 직원 2명과 견학 온 회사원들 가운데 사망자 2명 부상자 6명 발생

1 폭발사고 후 건물이 붕괴되고 파편이 여기저기 흩어진 현장 모습을 묘사하세요.

2 누구를 인터뷰해서 어떤 내용을 얻을 것인지 생각하세요.

3 구조작업은 어떻게 이뤄졌는지 파악해서 쓰세요.

4 사고 원인은 무엇인지 경찰 조사는 어떻게 이뤄지고 있는지 쓰세요.

5 행정당국은 이번 사고와 관련해 어떻게 대응하고 있는지 쓰세요.

추가로 필요한 취재 내용은 어떤 것이 있는지 써보세요.

다음은 CJ헬로 영동방송의 기사입니다.
자신이 쓴 내용과 비교해보세요.

연료전지 실험 중 '꽝'…8명 사상

앵커

어제 오후 6시 22분쯤 강릉과학 산업단지 내 한 벤처 공장에서 수소탱크가 폭발하는 사고가 발생했습니다.
연료전지를 시연하던 중 사고가 났는데 2명이 숨지고 6명이 크고 작은 부상을 입었습니다.
사상자 대부분은 견학을 왔다가 사고를 당한 것으로 밝혀졌습니다.
박건상 기자의 보도입니다.

기자

건물 한 편이 완전히 무너져 내렸습니다.
맞은편 건물도 지붕이 내려앉았습니다.
지난 23일 오후 6시 22분쯤 강릉과학 산업단지 내 한 공장에서 수소탱크가 폭발하면서 두 명이 사망하고 6명이 크고 작은 부상을 입었습니다.
사망자와 부상자 대부분은 견학 온 사람들이며 수소탱크를 운전하던 공장 관계자 두 명도 포함됐습니다.

인터뷰_ 엄지훈 / 사고 목격자

"사고가 나고 저도 놀라서 주저앉은 상황이었고, 바로 신고부터 했고요. 그 주변에 있는 회사에서 사람들이 뛰어나오고 대피하는 모습을 봤습니다."

사고가 발생하자 소방당국은 대응 2단계를 발령하고 인근 소방 인력까지 즉각 출동해 인명 구조에 나섰습니다.

스탠드업_ 박건상 / 본 취재기자

"400㎥짜리 수소탱크 3개가 폭발하면서 제1공장과 2공장, 그리고 80m 이상 떨어진 본관 건물까지 그 충격파가 그대로 전해졌습니다."

폭발사고가 일어난 공장은 태양광 에너지를 이용해 수소를 분리하는 과정을 시연하고 있었습니다. 이 과정에서 폭발사고가 일어난 이유는 관계자들조차 알 수 없다는 입장입니다.

인터뷰_ 김성일 / 강릉과학산업진흥원장

"태양광을 통해서 그 전기를 이용해 물을 분해해서 수소를 만드는 실증사업을 하고 있습니다. 그 폭발을 저희도 이해를 못 하는 거죠. 불이 나거나 해서 폭발하면 이해가 되는데 그렇게 없이 폭발을 했기 때문에 저희도 이해를 못 하고 있습니다."

일단 강원도는 사고 수습에 집중한 후 사고 원인을 면밀하게 분석해 재발 방지에 나설 방침입니다.

"지금 사고 원인이라든지 이런 것을 파악하고 있습니다. 다치신 분들에 대한 수습이 1차적으로 이뤄져야 하는 단계입니다. 다음 조치들은 다음에 하고 건물들도 부서진 게 많아서 2차 피해가 발생하지 않도록 하고 있습니다."

소방당국은 23일 밤 사망자 사체 수습을 모두 마무리하고 일 경찰과 가스안전공사 등 관계기관들이 모여 합동 감식을 진행할 예정입니다.
헬로TV뉴스 박건상입니다.

그럼 이번에는 태풍이 상륙한 현장에서 생중계하는 여러분의 모습을 상상해볼까요? 거친 파도가 휘몰아치고 굵고 세찬 비가 쏟아지는 바닷가에서 강한 바람을 맞으며 현장의 분위기를 전하는 기자가 되어 보세요.

현장 상황

- 거친 파도의 영향으로 해수욕장에는 피서객들이 모두 대피.
- 파라솔도 모두 접고 해수욕 금지령이 내려졌음.
- 초속 25미터를 넘는 강풍 때문에 부산 시내에서 간판이 떨어지고 가로수 일부가 쓰러졌음. 이로 인해 인명 피해가 발생했음.
- 폭우로 저지대 주택가에 침수 피해 발생했음.
- 시간당 25mm의 폭우, 현재까지 누적 강수량은 150mm, 오늘 밤까지 150mm가 더 내릴 전망.
- 부산여객터미널 여객선 운항 중단, 김해공항 여객기 운항 중단.

앵커의 질문에 이렇게 답하며 현장 분위기를 전할 것인지 생각해보고 앵커의 질문을 받은 기자의 모습을 상상하면서 뉴스를 전해보세요.

앵커

방금 전 태풍 프란시스코가 부산에 상륙했다는 소식입니다. 해운대에 나가 있는 취재기자 연결합니다. 홍길동 기자! 태풍의 위력 어느 정도입니까?

기자

기자

네. 제가 나와 있는 이곳 해운대에는 강풍과 세찬 비가 쏟아지고 있습니다. 태풍이 부산에 상륙하면서 파도도 높게 일고 있습니다. 현재 평균 풍속은 20m, 순간 최대 풍속은 32m까지 관측됐습니다.

제가 지금 몸을 제대로 가누기 힘들 정도로 강한 바람이 계속해서 불어오고 있습니다. 빗줄기도 점차 강해지고 있습니다. 현재 부산지역의 강수량은 시간당 25mm로 집중호우가 계속되고 있습니다.

오늘 오후부터 내린 누적 강수량은 150mm로 오늘 밤까지 150mm가 더 내릴 것으로 기상청은 내다보고 있습니다. 2시간쯤 전인 오늘 2시 30분을 기해서 해운대엔 입수금지령이 내려져 피서객들은 모두 대피한 상태입니다. 일부 안전요원들만 남아 혹시 있을지 모를 사고에 대비하고 있습니다.

해수욕장에 설치됐던 비치 파라솔 2천여 개도 모두 안전한 곳으로 치워져 있습니다. 이런 가운데 부산 시내 곳곳에서는 강풍과 폭우 피해가 잇따르고 있습니다. 남포동의 한 상가에서는 강풍을 못 견딘 대형 간판이 떨어져 행인이 머리를 다치는 사고가 발생했습니다. 또 서면 일대에서는 뿌리째 뽑힌 가로수가 넘어지며 주행 중이던 택시에 내리꽂혀 운전자와 승객 등 3명이 중상을 입고 병원에서 치료를 받고 있습니다.

침수 피해도 접수되고 있는데요, 범어동 저지대 주택가에는 하수구가 역류하면서 반지하 주택과 상가들이 물에 차 주민들이 긴급 대피했습니다.

당국은 양수기를 동원해 침수 가구에서 물을 퍼내고 있지만 쏟아지는 비와 역류하는 물의 양이 워낙 많아 제대로 물이 빠지지 않고 있습니다.

강풍과 폭우로 인해 하늘길과 바닷길도 막혔습니다.

부산여객터미널로 오가는 여객선은 모두 운항을 중단했고, 김해공항에서도 여객기 운항이 중단된 상황입니다. 이 때문에 여객터미널과 공항은 발이 묶인 승객들로 북새통을 이루고 있습니다.

앞서 전해드린 것처럼 기상청은 오늘 밤까지 150mm의 비가 더 온다고 예보한 만큼 철저한 대비가 필요한 상황입니다. 기상정보에 집중하시면서 안전에 만전을 기하시기 바랍니다.

지금까지 해운대해수욕장에서 홍길동입니다.

Case 4 노쇼 호날두 인터뷰

이번에는 한국 K리그 대표팀과의 경기에 출전한다고 해놓고 끝내 출전하지 않았던 호날두 선수의 이른바 '노쇼' 논란 직후 여러분이 호날두 선수를 직접 만나 인터뷰를 한다고 상상해보세요. 어떤 질문을 해야 시청자들의 궁금증을 해소할 수 있을지, 어떻게 물어야 원하는 답이 나올지 고민하고 질문을 써보세요. 물론 실제 인터뷰에서 답변에 따라 질문이 달라지기도 하겠지만요.

질문 5가지를 뽑아보세요.

1 _____

2 _____

3 _____

4 _____

5 _____

예시

1 많은 한국 팬들의 기대에도 불구하고 당일 경기에 나오지 않은 진짜 이
   유는 무엇인가?

2 많은 한국 팬들이 호날두 당신의 경기 장면을 보기 위해 경기를 관람했
   다는 사실을 짐작하지 못했는가?

3 많은 관람객이 주최사를 상대로 한 손해배상소송에 참여했다. 어떻게 받
   아들이는가?

4 당신은 당시 '노쇼'로 인해 많은 한국인 팬을 잃었다. 후회는 없는가?

5 한국 국민에게 한마디 한다면?

[에필로그]

어린 시절, 아마 초등학생 때의 기억이다. 늘 오후가 되면 집에 신문이 배달됐다. 석간신문이었다. 아버지께서는 매일 신문을 읽으셨다. 어떨 때는 신문을 보시다가 주무시기도 했다. 아버지는 밤 9시만 되면 TV 뉴스를 보셨다. "또 전두환이야?" 가끔 불만 섞인 말투로 외치기도 하셨다.

1987년 6월 10일. 서울 시청역에서 지상으로 나오자마자 전경에게 검문을 당했다. "학보사 기자인데요. 취재하러…" (사실 나는 학보사 기자가 아니었다) 아무 소용 없었다. 그냥 닭장차로 끌려갔다. 노량진경찰서에서 성북경찰서로 이동하더니 유치장에서 하룻밤을 갇혀 있었다. 이튿날 훈방이었다.

이것이 신문, 뉴스라는 단어와 연관된 내 어릴 적 기억의 파편이다. 그리고 대학 졸업 직전 다매체 시대가 열린다는 말이 들렸다. 케이블TV 시대 개막의 예고였다. 한국의 CNN이 생긴다고 했다. YTN이었다. 후배가 시험을 보러 가자고 했다. 그렇게 우연히 같이 시험 보러 갔다가 덜커덕 붙었다. 그 후배는 떨어졌고.

그렇게 기자 생활이 시작됐다. 경찰서에서 먹고 자고 형사들과 술잔을 기울이며 사건을 쫓았다. 좀도둑부터 살인범까지 눈빛을 교환해야 했다. 피범벅 살인 현장도 목격했다.

삼풍백화점이 무너졌을 땐 실종자 가족들의 애타는 눈길과 마주해야 했다. 북한 잠수함이 강릉에 침투했을 땐 온 산을 헤매며 공비를 추적했다. 이라크 전쟁이 터졌을 땐 워싱턴으로 날아갔다. CNN, 뉴욕타임스 등을 뒤지며 백악관 움직임, 전쟁 소식을 거의 실시간으로 전해야 했다. 경제부에서는 증권거래소에서 푸른빛, 붉은빛으로 바뀌는 시세 전광판을 바라보며 천당과 지옥을 오가는 투자자들의 한숨을 들었다. 상장을 앞둔 유망 벤처기업이라는 회사의 주식을 샀다가 휴지조각이 되어버리는 바람에 적지 않은 돈을 날리기도 했다. YTN 우리 사주는 아직도 5분의 1로 토막 난 채 증권계좌에서 잠자고 있다. 한심하다. 경제부 기자였는데….

정치부에서는 통일부와 외교부를 취재하면서 북한의 존재에 관심을 갖기 시작했다. 금강산은 물론 평양도 가봤다. 삼지연과 백두산도 취재했다. 2008년 평양 시내에는 80년대 남한 넝마주이와 같은 초라한 행색의 평양시민들이 적지 않게 눈에 띄었었다. 나를 감시하는 보위부 직원이 멀찌감치 있는데도 김일성광장을 배경으로 스탠드업 멘트를 외쳤다. "김정일 위원장 건강 이상설에도 불구하고 평양 시내에는 그와 관련된 이상 징후는 포착되지 않고 있습니다" 평양에 억류당

할지도 모른다는 공포감도 있었지만 용감하게 외쳤다. 캠코더로 평양 시내 거리의 모습을 몰래 촬영하기도 했다. 남쪽으로 놀아오기 직전 카메라 기자들이 촬영한 메모리카드 검열을 당했다. 몇 커트 삭제하라는 요구 아니 압박, 협박에 팽팽한 신경전과 기 싸움이 벌어졌다. 결국 손들었다. 역시 남쪽으로 못 갈지 모른다는 두려움 때문에.

청와대를 출입하며 노무현 대통령이라는 거물을 만났다. 시대를 앞서간 사람. 덕분에 해외 순방을 동행하며 세계 여러 곳을 가봤다. 남미까지도 가봤다. 지금 생각해 보면 특혜를 많이 입었다. 언제 또 내가 남미까지 가보겠는가? 도쿄 특파원 할 때는 일본인들과의 교감에 주력했다. 참으로 배울 것이 많은 나라다. 역사 문제나 독도 문제로 많이 다투지만, 정치, 외교를 떠나 일반인들은 좋은 친구들이 많다. 매일 새벽 4시 반에 일어나 아사히신문을 비롯한 5개 신문을 급히 읽어야 했다. 타사 특파원보다 몇 배 더 열심히 일했다. 베이징, 워싱턴 특파원으로부터 전화가 올 정도였다. "야, 적당히 좀 해라. 너 때문에 내가 피곤하다" 그래도 나는 즐겁게 일했다.

이명박 정부가 거대 신문사에 방송을 허가했다. 신문은 이제 곧 죽을 테니 방송을 해야 한다고 대형 신문사가 정부에

떼를 썼을 것이다. 나보고 와달란다. 도와달란다. 흔들렸다. 고민했다. 선배 몇 명과 상의 끝에 결심했다. 개국 3주일 만에 김정일 사망 뉴스가 터졌다. 내가 진행하던 낮 뉴스 직전에 북한의 발표가 나왔다. 딱 한 가지 팩트, 김정일 위원장 사망이라는 사실 하나로 한 시간을 방송했다. 북한학 박사 1호 기자 신석호가 스튜디오에 들어왔기에 가능했던 일이다.

어느 일요일 아시아나 항공기가 샌프란시스코 공항에서 추락했다. 이른 아침 단잠을 깨운 회사 당직 기자로부터의 전언이었다. 스튜디오로 직행했다. "2명이 사망했다는 소식이 들어왔습니다" 그리고 30여 분이 흘렀을까 "사망자 2명은 중국인이라는 소식이 추가로 들어왔습니다. 뭐 우리 입장에서는 다행이라고 할 수도 있겠죠" 아무 생각 없이 뱉은 이 말이 천근만근 나를 옥죄는 커다란 철퇴와 같은 부메랑이 될 줄은 몰랐다. 일부 매체들이 "중국인이 죽어서 천만다행"이라는 제목으로 왜곡, 확대재생산 하면서 중국 네티즌들이 무섭게 들고 일어섰다. 정신적 스트레스에 시달렸다. 신체 증상으로도 이어졌다. 변명하지 않았다. 다 나의 부덕의 소치였다. 이후 많이 반성했다.

그 방송사고에도 불구하고 나에게 기회는 주어졌다. 하지만 길게 가지는 않았다. 정치적 편향성이 심한 종편, 그리고 그들만의 리그에 염증을 느낄 수밖에 없었다. 그러던 어느 날 케이블TV 시역채널 보도국장 자리가 났다. 처음엔 그냥 듣고 지나쳤다. 하지만 어쩌면 기회일 것이란 생각도 들었다. 수락했다. 2년간 내 열정을 다 쏟아부었다. 물을 주고 햇볕을 쬐어 주었다. 무럭무럭 성장했다. 2019년 4월 강원산불 재난방송. 많은 이들이 칭찬했다. 그동안 나와 구성원들이 함께 한 노력의 결정체였다. 어떤 후배는 말했다. "담당(CJ헬로 내부에서 나의 공식 직함은 '보도담당'이다)님이 CJ헬로 역사의 한 획을 그으셨어요" 눈물이 핑 돌 정도로 고마운 칭찬이었다.

청소년들을 위한 직업탐구서 시리즈 이야기를 듣고 귀가 솔깃했다. 아, 내가 가진 직업도 괜찮은 직업인데, 청소년들에게 추천해보면 어떨까? 이런 생각이 들었다. 그리고는 바로 쓰기 시작했다. 여러 측면에서 다른 기자들보다 내가 다소 많은 경험을 했으니 이런저런 장단점을 소개할 수 있지 않을까 생각했다. 하지만 쓰는 것이 쉽지만은 않았다. 25년의 세월, 그 기억을 소환하면서 많은 것들이 주마등처럼 머릿속을 지나갔지만 제대로 된 기억이 그리 많지 않았다. 기록이 있어야 했는데, 그 기록이 없었기 때문이었다. 취재 수첩 이야기를 쓸 때도 지금 몇 권이라도 남아 있다면 몇 가지 스토리를 소개할 수 있을 텐데 하는 아쉬움이 컸다.

사실 내 기억력이 남들보다 많이 떨어지는 편이라서 더 애를 먹었다. 친구들이 기억상실증에 걸렸다고 할 정도로 내 머릿속에서 사라진 옛 기억들이 많았다. 그래도 이 책을 쓰면서 내가 해왔던 기자 생활, 초년병 시절 경찰서를 돌며 취재했던 일부터 중견 기자 시절, 특히 도쿄 특파원으로 일하며 인생을 배웠던 과정, 또 앵커로 활약했던 시절과 같은 흐뭇한 기억뿐 아니라 방송사고로 극심한 스트레스에 시달려야 했던 기억까지 다시 내 뇌에 불러들이며 과거를 돌아보고 성찰하는 기회가 주어진 점에 대해 감사하게 생각한다.

내가 청춘을 바쳤다고 해도 과언이 아닐 만큼 마음의 고향으로 삼고 있는 YTN, 그리고 한때 나의 역량을 발휘할 수 있었던 채널A, 또 나를 한 단계 더 성숙하게 해주고 내가 보람을 느끼도록 해준 CJ헬로. 이 세 방송사에서의 경험을 바탕으로 이 책을 썼다는 점에서 세 방송사와 그 구성원들에게 감사의 뜻을 표한다. 그리고 내게 이렇게 자아 성찰의 기회를 준 친구, 유윤선 토크쇼 출판사 대표에게 진심으로 고마움을 표시한다.

이 책은 직업을 탐구하는 청소년들을 위한 글이다. 나의 기자 인생 25년을 압축해서 보여주는 책이기도 하다. 이 책에 담긴 나의 기자 인생 25년을 보면서 기자의 꿈을 키우는 청소년이 생긴다면 그저 기쁠 뿐이다.

영원한 저널리스트 윤경민

청소년들의 진로와 직업 탐색을 위한
잡프러포즈 시리즈 27

JOURNALIST
세상을 바꾸고 싶다면
기자
CHANGE THE WORLD

2019년 10월 25일 | 초판 1쇄
2024년 4월 25일 | 초판 4쇄

지은이 | 윤경민
펴낸이 | 유윤선
펴낸곳 | 토크쇼

편집인 | 김정희
디자인 | 김경희
마케팅 | 김민영

출판등록 2016년 7월 21일 제2019-000113호
주소 | 서울시 마포구 월드컵북로98, 202호
전화 | 070-4200-0327
팩스 | 070-7966-9327
전자우편 | myys327@gmail.com
ISBN | 979-11-88091-63-8(43190)
정가 | 17,000원